Marie Johanne Croteau-Meurois

Das Elfentor

MARIE JOHANNE CROTEAU-MEUROIS
MIT EINEM VORWORT VON DANIEL MEUROIS

Das Elfentor

Unsere Verbindung zur Anderswelt

Aus dem Französischen von Anja Schmidtke

SILBERSCHNUR VERLAG

FSC
www.fsc.org
MIX
Papier aus verantwortungsvollen Quellen
FSC® C014138

Titel der Originalausgabe: »Le Portail des Elfes · Souvenirs d' ailleurs ... «

Veröffentlicht in Partnerschaft mit Maurice Baldensperger und Francis Hoffmann GbR »Publish Vision«, info@publishvision.de · www.publishvision.de

ISBN: 978-3-89845-534-3

1. Auflage 2017

Übersetzung: Anja Schmidtke

Gestaltung & Satz: XPresentation, Güllesheim
Umschlaggestaltung: XPresentation, Güllesheim; unter Verwendung eines Motivs von © mexrix, www.shutterstock.de und eines Ölgemäldes von Sandrine Gestin, www.sandrinegestin.com
Druck: Finidr, s.r.o. Cesky Tesin

Verlag »Die Silberschnur« GmbH
Steinstraße 1 · D-56593 Güllesheim
www.silberschnur.de · E-Mail: info@silberschnur.de

Ich widme dieses Buch
allen Freunden des Elfenvolks
und der Natur unserer Welt.

In Liebe und Dankbarkeit an Daniel,
meine Kinder Virginie und Julien,
meine geliebten Freunde
Marie Dominique, Dominique, Martine und Daniel
und natürlich in Erinnerung an meinen Vater.

Danke an Sandrine Gestin,
eine Freundin aus der Elfenwelt

Inhaltsverzeichnis

Einleitung

Mehrere Monate lang hatte ich das Privileg, dieses Buch mitzugestalten. Ein Privileg, weil dieses Werk (wie jeder bald feststellen wird) nicht belanglos ist. Es ist sogar radikal anders als fast alle Bücher, die zu diesem Thema bisher geschrieben wurden.

Natürlich gibt es eine Fülle an Literatur über die Welt der Elfen und im weiteren Sinne die unsichtbaren Naturkräfte - wirklich selten aber sind Zeugenberichte ... und noch dazu sehr detaillierte.

"Das Elfentor" ist weit von den Märchen und Legenden entfernt, die die Vorstellungswelt unserer Kinder und Gesellschaft bevölkern.

Die sensitiv Begabte Marie Johanne Croteau lässt hier profunde Erinnerungen wieder hochkommen, die lange in ihr verschüttet lagen. Erinnerungen, die sie nie ans Tageslicht hat kommen lassen, die in ihrer Aufrichtigkeit unser Herz berühren und die uns mit dem "Kontinent der subtilen Kräfte" dieses Planeten bekannt machen.

Es ist eine unkonventionelle Schilderung, und hingerissen von der Empfindsamkeit, die darin zum Ausdruck kommt, habe ich noch etwas ganz anderes in ihr vorgefunden als nur die Erzählung eines Elfenlebens.

Sie lädt den Leser in eine Welt ein, die erstaunlicherweise die Grundlage unserer Welt ist.

Wir erhalten unzählige Informationen und faszinierende Details, geschildert aus einer Perspektive, die sich sehr von der unseren unterscheidet.

Wir machen Bekanntschaft mit einer anderen Definition von Zeit, Licht und der Heiligkeit des Lebens, untermalt von einer Hymne an den Mut, die Freiheit und das "Bedürfnis nach Andersartigkeit", das uns einlädt, weiter zu wachsen.

Ich bewundere die Gabe der Autorin, Empfindungen, Wahrnehmungen und vor allem "nichtmenschliche" Ideen in eine Sprache zu übersetzen, die uns allen verständlich ist.

Zu guter Letzt möchte ich anmerken, dass ich bei der Lektüre von "Das Elfentor" neben dem inhaltlichen Reichtum zutiefst von seiner Frische, Aufrichtigkeit, beseelten Empfindsamkeit und großen Innigkeit berührt war ... Eigenschaften, die in der heutigen Zeit selten geworden sind.

Ich wünsche auch Ihnen eine Reise, die fasziniert, aber auch bewusst macht, wie wichtig es ist, die kostbare Schönheit unseres Planeten und seiner Bewohner zu bewahren.

Daniel Meurois

Vorwort

Es war einmal ... Eigentlich hätte ich diese Erzählung wie ein Märchen beginnen lassen können, denn vom Inhalt der folgenden Seiten kann ich rein gar nichts beweisen. Doch dieses Buch ist keine Fiktion, es schildert eine wahre Begebenheit - auch wenn sie für die meisten unglaublich klingt.

Ich habe keine anderen Argumente als das Siegel der Wahrheit auf meiner Seele, das zur Lektüre meiner Erzählung einlädt.

Daher liegt es an euch, liebe Leser, mit mir ganz in eine Welt einzutauchen, die einst die meine war.

Ich habe nur einen Wunsch: Eure inneren Flügel für "etwas" zu öffnen, das in unserem tiefsten Herzen wohnt und für viele nicht mehr ist als die vage Vorahnung möglicher Wirklichkeiten.

Möge dieser Bericht euch vor allem dazu einladen, euren Horizont zu erweitern und sich auf die schwindelerregende, unendliche Reise des LEBENS einzulassen ...

"Wir Elfen sind die Weber der Erde. Alles, was in eurer Pflanzenwelt lebt, haben wir in unserem Universum zunächst erdacht und in ursprünglicher Vollkommenheit erschaffen.

Wenn aber die Lebenskraft uns gestattet, unsere Schöpfungen in eure irdische Welt "hinübergleiten" zu lassen, werden sie von eurer Schwingung, Schwere und Dichte beeinflusst und verlieren ihren ursprünglichen Gnadenzustand."

Gwenedys

I

In einer anderen Natur und Zeit

Es gibt Zeiten, denen die Zeit und ihr Rost, das Vergessen, nichts anhaben können.

Eine ist mir noch besonders gut in Erinnerung, und es ist sicher kein Zufall, dass sie sich gerade jetzt Gehör verschafft ...

Es war vor elftausend Erdenjahren. Das Ende des Volkes der Atlanter war vielen noch in Erinnerung. Ein ganzer Kontinent war ausgelöscht, vom Himmel bombardiert, vom tosenden Wasser verschlungen worden.

Alles auf der Erde schien stillzustehen. Die Völker waren in alle Himmelsrichtungen zerstreut, zerschlagen, oft nur noch vom Urinstinkt des Überlebens geleitet.

Die Luft war schwer von Blut und Angst, und der Himmel trug immer noch den rötlichen Widerschein dieser Geschehnisse.

Hier und da hatten lautere Gemeinschaften überlebt und versuchten, die Flamme des Bewusstseins nicht erlöschen zu lassen, aber in den Herzen der meisten lebte nur noch der grausame Wunsch zu töten und zu stehlen.

Sie mussten der Angst trotzen, die das kollektive Gedächtnis der Menschheit beherrschte ... einer tief verwurzelten Angst vor Vernichtung, die sich wie ein Riss durch die Seele zog.

So war es in der alten Zeit ...

Geschwächt, hilflos und verzweifelt begannen die Männer und Frauen auf der Erde, das, was sie gerade beinahe verloren hatten, *anders* zu betrachten. Einige wollten sich den Naturkräften zuwenden. Darunter waren auch jene, aus denen später das irische Volk hervorging.

Ja, alles drängte sie regelrecht dazu ... ihre Zweifel, ihre plötzlich offenbarten Schwächen und auch die Welten selbst, die sich nach dem Großen Beben wieder einander annähern wollten, wie um zur Einheit der Ursprünge zurückzukehren.

Jawohl, ich sagte *die* Welten ... denn es gibt deren sehr viele, jede verborgen im Schatten der anderen, zwischen Sonne und Mond, Luft und Erde, in den Falten dessen, was man das Dichte und das Subtile nennt.

Fragend und ängstlich wie selbstbestimmte Wesen schienen auch sie beschlossen zu haben, sich unabwendbar einander anzunähern, bis die Tore in ihnen sich weit zu öffnen begannen.

Diese Tore glichen großen Lichtwirbeln, die es den "Anderswelten" erlaubten, von ihrer Existenz zu künden. Sie waren wie schwach schimmernde Nebel, die zuweilen geheimnisvolle, betörende Klänge von sich gaben. Ihren Entdeckern erschienen sie wie eine Einladung ...

Meine Welt war eine davon; sie bestand aus Immaterie und Materie, Windbrausen, Wasserrauschen und Mondstrahlen. Sie war, was man heute das Königreich der Elfen nennt.

Zu sagen, dass sie parallel zum Land "Irland" der Menschenwelt existierte, wäre nicht korrekt ...

Sie befand sich im Inneren dieser Welt, lebte darin, verborgen durch ihr Eigenlicht, ihre Tage und ihre Zyklen. Und so verhält es sich noch heute, auch wenn die Menschen ihr aus dem Weg gehen und sie leugnen.

Mein Traum ist es, euch nachempfinden oder sogar mitfühlen zu lassen, was einst mein Zuhause war. Aber auch, euch einzuladen, einen Schritt weiter zu *Dem* zu gehen, was war und was ist und mich ermutigt, mich dem Vorwurf der Spinnerei zu widersetzen, den mir einige schon beim Aufschlagen dieser Seiten machen werden.

Ich habe mir geschworen, in euch ein wenig davon zu wecken, was in uns allen schlummert, denn die Elfenwelten haben viele Spuren im kollektiven Unterbewusstsein der irdischen Völker hinterlassen, in fantastischen Erzählungen und alten Legenden wie auch in zauberhaften Märchen, die die Sehnsucht danach zum Ausdruck bringen.

Warum also nicht diesen Spuren nachgehen, sich gar auf sie einlassen, als gehörten sie zu unserer innersten Wirklichkeit, und zulassen, dass unsere inneren Mauern Risse bekommen?

Aber kommen wir noch einmal auf die Tore zwischen den Welten zurück, von denen ich eben sprach. Erinnern wir uns daran, dass aus diesen "Schleusen" und der Kommunikation, zu der sie schon immer einluden, die sogenannte "keltische" Kultur hervorgegangen ist. Sie hat sich aus ihnen gespeist.

Ich möchte euch also an die Schwelle meiner einstigen Welt einladen, denn hinter dieser Erde, die uns trägt, existiert eine andere!

Die Augen, die über die Zeiten hinweg all das beobachten, auf ewig in meinem Gedächtnis festgeschrieben sind und Anlass dieser Seiten sind, gehören einem der Wesen, die eines der sogenannten Paralleluniversen bevölkern. Es erzählt sein Schicksal und das anderer Wesen aus jenem Land des Lichts ... Es schildert auch das Schicksal eines Menschen, der unter ihnen lebte. Diese Augen, die sich erinnern und Zeugnis ablegen, gehören einer Luftelfe. In der Sprache der Menschen könnte man ihren Namen mit *Gwenedys* wiedergeben, aber in Wirklichkeit ist er auf irdischem Boden unaussprechlich.

Den Tönen der Erde ist er völlig fremd, denn die Lebenswoge der Elfenwelt schwingt schneller als die der dichten Welt, in der die Völker der "Außenerde" leben, wie die Elfen sie seit jeher nennen. Wenn ein Mensch die Elfensprache hört, kann er sie weder verstehen noch erlernen, denn sie ist für ihn viel zu schnell, viel zu lebhaft ... einfach unfassbar!

Natürlich fragt sich jeder, wie eine Elfe wohl aussieht ... *wirklich* aussieht, denn ihr Aussehen ist weit von den irrigen Vorstellungen entfernt, die dem faszinierenden Zerrspiegel der Märchen entspringen. Werde ich in menschlichen Begriffen und Vorstellungen etwas beschreiben können, was nicht gerade ein menschliches Aussehen hat? Das ist die Herausforderung, der ich mich auf diesen Seiten stellen werde.

Also dann, liebe Freunde, schlüpft hinein in das, was einst meine Welt war ... Fühlt, hört und seht ...

Folgt mir durch Gwenedys' Erinnerungen aus der Anderswelt ...

Elfen

Sprechen wir zunächst einmal von der Elfenhaut. Sie gleicht nicht eurem Fleisch, also dem, was ihr auf der Erde als solches betrachtet. Wie unser gesamter Körper ist sie ein Gewebe aus *leuchtender Materie*, auf der keine Falte oder Alterserscheinung zu sehen ist. Sie strahlt nur eine offenkundige Jugend und Schönheit ohne bestimmtes Alter aus. Deswegen scheinen wir zeitlos zu sein, denn wir leben sehr lange und bringen dabei ständig zum Ausdruck, was man als unser ästhetisches Ideal bezeichnen könnte.

In Wahrheit ist das Elfengewebe keine Haut im eigentlichen Sinne. Es ist sehr elastisch, nachgiebig und durch unsere Gedanken endlos formbar.

Insgesamt haben wir eine menschliche Gestalt, aber aufgrund der Natur unserer inneren Anschauungen ist sie viel hochgewachsener und luftiger.

Im Gegensatz zu einigen Behauptungen haben Elfen weder einen Schwanz noch Flügel. Der Eindruck von Flügeln entsteht durch die Strahlen, die seitlich aus unserem Brustkorb treten.

Tatsächlich herrscht bei uns die Sonne des Herzens vor (die ihr Herzchakra nennt). Die Illusion des Schwanzes entsteht durch das ständige Entweichen von Licht am Ansatz unserer Wirbelsäule. Es ist besonders lebhaft, wenn wir uns in einem intensiven "Zustand der Naturarbeit" befinden.

Aber noch etwas ... Wir Elfen haben keine Behaarung. Wir haben keine Haare an sich, bilden aber bläulich, rötlich und milchweiß leuchtende, lange Fäden aus, die unser Gesicht umrahmen.

Diese Fäden wirken auf das menschliche Auge wie leicht nuanciertes, blondes Haar. Es kommt auch vor, dass das menschliche Auge sie auf seine eigene Weise deutet und persönlich einfärbt. Dann projiziert es in seiner Wahrnehmung seine Fantasie und Kultur darauf und übersetzt das Unsichtbare auf seine Weise.

Unsere weibliche und männliche Seite
(aus menschlicher Sicht)

Zwischen den Elfen gibt es keine großen körperlichen Unterschiede. Uns unterscheiden nur extrem subtile Nuancen voneinander, die allein durch Sensitivität wahrnehmbar sind. Jeder von uns hat seine eigene Lichtfarbe, die sich aus blumigen Düften unterschiedlichster Art zusammensetzt. Jeder hat auch weibliche oder männliche Konturen und Formen, die sich in dem uns als Haut dienenden Lichtgewebe zeigen.

Auf diese Weise zeigen wir der Welt unsere individuellen Persönlichkeiten, Vorlieben, Gerüche und "Seinsweisen".

Es liegt in unserer Natur, uns mit unseren Konturen voneinander abzusetzen und auf eine sehr sinnliche Art und Weise unseren Seelenduft zu verströmen; das gilt für unser persönliches und gemeinschaftliches Leben, unsere Naturarbeit und natürlich auch für unseren Liebesakt.

Genau wie Menschen haben wir das Bedürfnis, uns zu kleiden, aber unsere Kleider bestehen nicht aus Stoff, sondern sind Verlängerungen unserer "Lichtmaterie", die unser Inneres zum Ausdruck bringt, wenn wir gesehen werden, etwas tun oder uns äußern, und auch wenn wir in einer bestimmten Schwingung kommunizieren möchten, zum Beispiel beim Liebesakt.

Elfen sind vor allem Gefühlswesen ...

Was ist noch zu sagen? Unsere "Kleider" erinnern an seidenglatte Blütenblätter, die von einem feinen, bläulich schimmernden, sehr flüchtigen duftenden Puder überzogen sind. Bei Elfen mit männlicher Polarität ähneln die Kleider großen, flauschigen Blättern, die von unablässig oszillierenden Adern durchzogen sind und jedem sein besonderes Strahlen verleihen.

Ich schreibe hier von männlichen Elfen im Vergleich zu weiblichen, aber es würde zu weit führen, Elfenmänner und Elfenfrauen aus ihnen zu machen. Das menschliche Vorbild ist kein absolutes Maß.

Es ist viel subtiler ...

Wir Elfen sind insgesamt sehr sinnlich. Es gibt also intime Beziehungen zwischen uns, aber sie sind energiegeladener als in der Menschenwelt, und zwar insofern, als die immateriellen Körpergewebe sich dabei in einem festgelegten Ritual komplett durchdringen. Unsere "Häute" vereinigen sich intensiv und erzeugen dabei sehr melodiöse, kristallklare Klänge. *Alles* in uns liebt auf eine umfassende Weise.

Der Liebesakt in unserer Welt ist ein Freudengesang, ein Duft, der edle Gedanken und himmlische Modulationen verströmt ... Aber er ist immer mit sich selbst identisch und niemals einheitlich, weil er schwingender Natur ist.

Was die Fortpflanzung betrifft, so gibt es bei uns keine in dem Sinne, wie ihr sie auf der Erde kennt.

Die Lichtverschmelzung zwischen zwei Elfen bewirkt, dass zwischen ihnen eine Zelle aus "ätherischem Licht" in einer Explosion aus Farben und Düften keimt. Diese Zelle wächst rasend schnell, sodass die Elfe bereits bei ihrer Geburt vollständig erwachsen ist.

Wegen dieser Spontaneität gibt es in unserer Welt keine Eltern-Kind-Beziehungen, da bei uns keine Kindheit existiert. Der Mutter-Vater-Begriff entspricht an und für sich dem, was ihr das Göttliche Licht nennt.

Wir werden also schon erwachsen geboren, und äußerlich altern wir nicht. Keine Elfe gehört demnach einer von euch so bezeichneten "Familie" an. Der genetische Familienbegriff ist nur euch zu eigen. Wir gruppieren uns in Sippen nach dem geografischen Gebiet des Äthers, in dem wir uns aufhalten.

Wenn sich in dem geografischen Gebiet, worin wir *entsprungen* sind und arbeiten, aufgrund menschlicher Aktivitäten große, unharmonische Veränderungen ereignen, werden wir davon sofort getroffen und aus dem Gleichgewicht gebracht.

Dann endet die Fortpflanzung der Elfen, denn die Lichtpaarung im Äther kann nur stattfinden, wenn wir glücklich für ein harmonisches Leben auf der physikalischen Erde arbeiten können.

Wo die Menschen die Natur schädigen, um deren Hege und Pflege die Elfen sich auf ihre Weise kümmern, gibt es keinen Liebesaustausch mehr unter den Elfen. Deswegen ist die Fortpflanzung der Elfen sehr zurückgegangen. Infolgedessen verkümmert die physikalische Natur in den Gebieten, die durch Disharmonien in der Außenwelt gestört werden.

Versteht ihr, wie sehr die Elfenwelt mit der Menschenwelt verbunden ist und von ihrem Verhalten beeinflusst wird? Aus Elfensicht ist der Kontakt mit Menschen fast immer schwierig, ja sogar dramatisch.

Das Licht der Elfenwelt

Wahrscheinlich fragt ihr euch, woraus unser Universum eigentlich besteht. Manche von euch sagen, es bestünde aus Äther, ohne genau zu wissen, worum es sich dabei handelt.

Wisst ihr, der Äther ist wie Fruchtwasser, worin unbemerkt die gesamte dichte Materie badet ... die Materie eurer Welt. Er ist eine Art mit Gas vermischtes Licht, eine vierfache Substanz.

Um zu verstehen, wie er in uns, aber auch in euch wirkt, ist es gut, seine Essenz, seinen Aufbau zu kennen.

Dazu müsst ihr wissen, dass es zunächst den Luftäther oder Äther des Atems gibt. Er ist der subtilste der vier Äther und das Hoheitsgebiet der Elfen schlechthin. Dabei handelt es sich um ein Element, das sehr durchlässig für menschliche und tierische Gedanken ist und in das daher kollektive Gedankenformen und Atmosphären sowie die Seinszustände der irdischen Lebewesen leicht Eingang finden. Das erklärt die Reaktivität der Elfen auf menschengemachte Egregore in ihren jeweiligen geografischen Lebensräumen.

Mein Luftäther kann am besten mit der menschlichen Gedankenwelt kommunizieren, weil er sich von ihr durchdringen lässt; die Egregore heften sich daran, sodass man darin alle möglichen Erinnerungen vorfindet ...

Dank dem Lichtatem, der durch die Elfenwelt weht, kann die dichte Welt ihr Zellgedächtnis bewahren. Ohne Zellgedächtnis hat die Form eines Körpers keine Beständigkeit und Stabilität. Die Arbeit meines Volkes und der Elfen der Erde besteht unter anderem darin, den Lichtatem zu reinigen, da er ständig durch den anarchischen Aspekt menschlicher Gedanken verunreinigt wird[1].

Mit der Erzeugung bestimmter Töne reinigen wir den jeweiligen Äther, in dem wir leben und der unabdingbar für den Zusammenhalt des physikalischen Lebens in der Außenwelt ist.

Diese Töne entspringen der Mitte unseres Brustkorbs, denn uns kommt die Aufgabe zu, uns auf dieser Ebene von der Energie der Lebensmanifestation durchdringen zu lassen, die uns aus der Welt der Erzengel erreicht.

Da wir so durchlässig und der Menschenwelt so nahe sind, sind wir sehr empfindsame Wesen mit allen Anfälligkeiten, die das mit sich bringt, vor allem dafür, verletzbar und unberechenbar zu werden, wenn wir den Weg der Indi-

1) Diese Arbeit wird heute durch unzählige neue Anschauungen erschwert, die dem oft irregeleiteten, unklaren zerebralen Denken des Menschen entspringen.

vidualisierung einschlagen ... wie etwa den, über den ich hier berichten werde.

Ja, Individualisierung ... In der Elfenwelt herrscht von Natur aus die Gruppenseele vor, denn jede Elfe steht trotz ihrer eigenen Besonderheiten und Merkmale unter dem maßgeblichen Einfluss der Gedanken und Verhaltensweisen ihrer Spezies.

Es fällt uns schwer, "ich" zu sagen oder zu denken. Die Kosmische Evolution hindert uns zwar nicht, denn seit Beginn der jetzigen Lebenswelle wurde durch die Erzengel der Keim der Individualisierung in uns angelegt. Aber das Problem ist, dass diese Evolution oft geleugnet wird. Sie macht uns Angst ...

Seht ihr, in ihrem spontanen Ausdruck ähnelt die Elfenseele zugleich der Tierseele und der Menschenseele. Sie ist gewissermaßen eine harmonische, leichte eheliche Verbindung von beiden; dennoch ist sie grundsätzlich amoralisch, denn sie will allein den heiligen Lebensatem bewahren und verlängern.

Wir kennen keine Religion, kein Dogma ... nur die immer empfundene Notwendigkeit, der Welle zu dienen, der alles entsprungen ist. Die Elfe weiß von Natur aus, dass ihre Seele dieser Welle entstammt. Darüber gibt es keinerlei Diskussion oder Zweifel.

Zwar altert die Elfe äußerlich nicht, aber ihre Seele weiß, dass das Licht, das ihr ihren Körper schenkt und darin wirkt, sich eines Tages wieder aus ihm zurückziehen muss. Der Tod einer Elfe ist daher ein schnelles Ereignis ohne Leid, das friedlich vonstattengeht. Er ist genauso spontan wie bei einer Blume, die in wenigen Stunden verwelkt und vergeht. Wenn eine

Elfe stirbt, ist nichts Trauriges daran ... Das Licht, das ihren Körper geformt hat, löst sich auf und zerstreut sich wie mit einer sanften Brise ... Der Tod, wie die Menschenwelt ihn versteht, ist also den Elfen kein Begriff. Die Elfen "reinkarnieren" und sind sich vollständig bewusst, dass sie für einen neuen Lebenszyklus eine neue Gestalt annehmen müssen.

Auch der Gottesbegriff, wie er von den Menschen verstanden wird, ergibt für Elfen keinen Sinn. Die Elfe weiß und fühlt sich in einem heiligen Licht, das sie nährt, antreibt und *sein* lässt. Das genügt ihr. Man könnte sagen, dass sie unaufhörlich das Göttliche oder vielmehr das Heilige lebt, ohne das Bedürfnis zu haben, es in Begriffe zu fassen.

Das bedeutet nicht, dass sie vollkommen ist. Ihre Unberechenbarkeit und Anfälligkeit (und daher auch ihr möglicher Zorn) zeugen davon, dass sie der Welt der Dualität angehört. Aber auch wenn sie nicht vollkommen ist, erbringt sie zuverlässig ihren Dienst für den Fortbestand des Lebens. Einer Elfe ist es praktisch unmöglich, den Dienst an der Lebenswelle "zu kündigen". Das wäre gegen ihre Natur.

Erzengel (oder Lichtvolle) und Elfenräte

Die Elfenwelt hat kein intellektuelles Verständnis von der Welt der Erzengel. Sie nimmt sie intuitiv wahr und erfährt sie sehr selten auch direkt. Allerdings hat sie eine allgemeine Vorstellung davon, so wie die Menschenwelt eine Vorstellung von Gott hat.

Wenn ich in Gwenedys' Bewusstsein und Empfinden zurückkehre, stelle ich mir wie alle Luftelfen keine Fragen über die Welt der Erzengel. Ich denke ganz allgemein über sie, sehe sie also nicht als "plurale" Macht.

Jene, die die Menschen Erzengel nennen, sind für uns der einzigartige Ausdruck der Lebenskraft und ihre höchste Manifestation.

Das Heilige besucht uns manchmal in Form intensiver Lichtströmungen, wie um uns in Zeiten irdischer Disharmonie eine Stütze zu sein.

Was den Religionsbegriff anbelangt, betone ich nochmals, dass er uns völlig fremd ist, auch wenn wir das Prinzip nachvollziehen können.

Wir nehmen nur fast ständig eine heilige Präsenz wahr ... ein wenig, wie es auch in der Tierwelt ist.

Daher gibt es keine Priester, sondern nur Elfen, die "beseelter" sind als andere und deshalb spontan zu Autorität gelangen.

Sie dienen uns als natürliche Wegweiser und "Kanäle". Als solche regulieren sie das Gleichgewicht und die Weiterentwicklung der Elfengesellschaft.

Die Hierarchie der Elfengesellschaft entsteht also von selbst, je nach den Fähigkeiten der Elfen-Kanäle, das Licht und das Heilige zu übermitteln.

Deswegen haben wir keine Regierung im menschlichen Sinne, sondern Räte aus mehr oder weniger offenen Elfen-Kanälen. Sie sind der Garant für die Stabilität und den Bestand unserer Welt.

BEWUSSTSEINSSPHÄREN

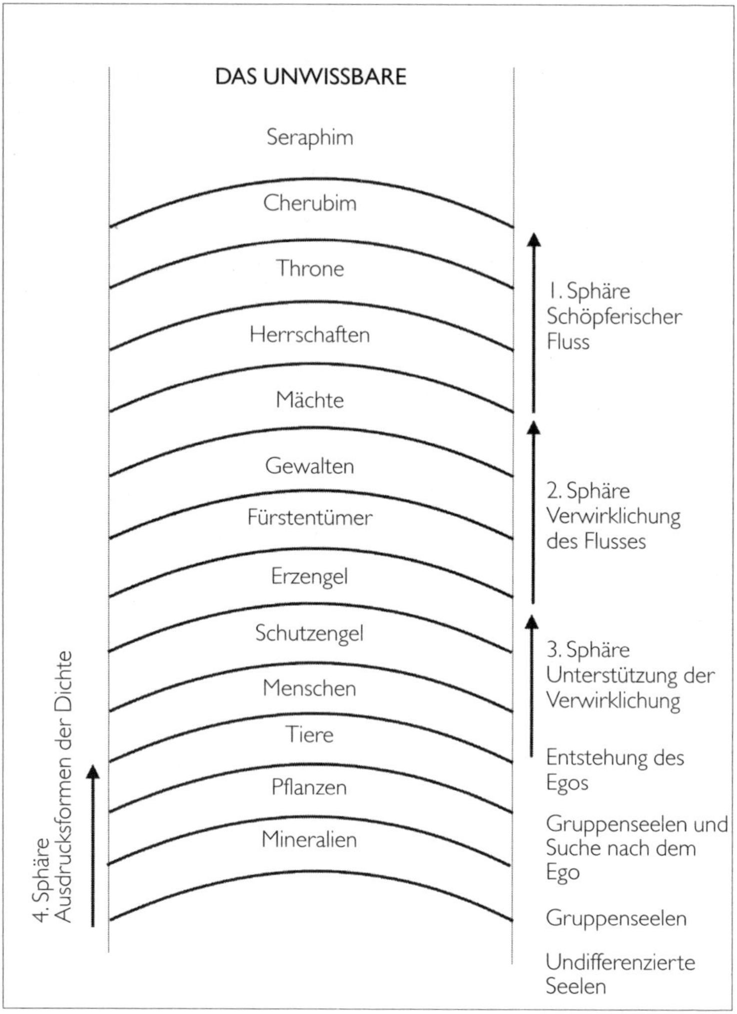

Elfenräte

Für jedes "geografische Gebiet" im Äther ist ein Elfenrat zuständig. Dabei entspricht jedes im Großen und Ganzen einem sichtbaren geografischen Gebiet der Erde und der Pflanzen- und Mineralieneinheit eines Ortes, etwa Heide, Wald und so weiter.

Somit gibt es eine Vielzahl kleiner Elfenräte, aber nur einen einzigen Hohen Rat auf der planetarischen Ebene. Er kommt nur äußerst selten zusammen, also nur in Zeiten großer Umbrüche, Umwälzungen oder planetarischer Veränderungen.

Tatsächlich ist jedes Elfengebiet recht autonom, und auch wenn wir uns der Einheit unserer Welt überaus bewusst sind, legen wir meistens ein Stammesverhalten an den Tag.

Wie ich schon sagte, setzt sich jeder Elfenrat spontan aus weiblichen oder männlichen Elfen zusammen, die eine überdurchschnittliche Empfindsamkeit, Sensitivität und intuitive Kenntnis besitzen.

Darunter sind auch solche, die seelisch in Kontakt mit dem allumfassenden Geist des Planeten stehen. Sie wachen über den Zusammenhalt der Elfengesellschaft. Insbesondere achten sie darauf, sie vor allen Formen menschlicher Verunreinigung zu schützen.

Die Elfen-Kanäle stehen auch in engem Kontakt mit den Gruppenseelen der großen Pflanzenarten und den Devas der Tiere ihres geografischen Gebietes. Sie wirken an den Mutationen der Pflanzenarten mit, indem sie ihnen Energienahrung nach den Vorgaben der Devas zur Verfügung stellen. Unsere Elfenräte sind von Natur aus sehr konservativ und misstrauisch gegenüber Veränderungen. Sie können starken psychischen Druck auf ein Gebiet ausüben, denn ihr Verständnis von Freiheit und "Dem, was zu sein hat" ist recht festgelegt und eingeschränkt. Sie verstehen sich vor allem als Wächter einer bestimmten Ordnung.

Nahrung

Wir ernähren uns schon immer von den Gerüchen der Pflanzen und Früchte. Deshalb haben wir keine bevorzugten Zeiten für die Nahrungsaufnahme, sondern leben in einem fortwährenden, fließenden Verdauungsprozess.

Bildhafter könnte man sagen, dass wir ein wenig von der Seele der Pflanzen trinken, aber gleichzeitig ihr physikalisches Leben und ihre Uressenz bewahren.

Die Frühlings-Tagundnachtgleiche der physikalischen Welt ist jedoch für unser Volk eine Gelegenheit zur geselligen Zusammenkunft. Die Stimulation durch die Pflanzen verschafft uns dann das gleiche Gefühl wie euch, wenn ihr bei Festlichkeiten gemeinsam große Mahlzeiten zu euch nehmt.

Wir nehmen also in Hülle und Fülle Pflanzendüfte in uns auf, die ein wahres Festmahl für uns Elfen sind.

Möchtet ihr noch mehr erfahren?

Wir kennen den Begriff des Trinkens, aber bei uns ist damit nicht die Aufnahme von Flüssigkeit gemeint. Vielmehr atmen wir die Essenz der Pflanzensäfte ein.

Aus all diesen Gründen weist unser Körper Abfälle nicht zurück, sondern ermüdet schneller und altert, wenn die Pflanzen krank, verunreinigt oder wie heute genetisch verändert sind.

Wir versuchen immer, große Aktivität zu entfalten, wenn die Materie leidet, wenn eine Pflanze, ein Baum krank ist. Aber wir können keine "Wunder" vollbringen, wenn der Mensch nicht seinen Teil beiträgt. Wenn wir nichts mehr tun können, ziehen wir uns aus dem leidenden Gebiet zurück.

Zusammenarbeit und gemeinsame Schöpfung haben in unserer Welt Vorrang, denn die grundlegende Einheit von allem ist für uns offenkundig.

Gwenedys' Welt

Mein Universum ist ein "Ganzes" aus dichten Wäldern und majestätischem Heideland in nuancenreichen, glanzvollen Farben. Unsere Behausungen sind gewissermaßen geistige Orte, die wir mit unseren Gedanken und unserem Sinn für Schönheit zwischen die Pflanzen flechten. Wir "weben" sie auch zwischen bestimmte Baumgruppen, oft in größerer Höhe, um weniger durch menschliche Anwesenheit gestört zu werden. Sie sind wie Kokons und manchmal sehr groß.

Wie sind die Pflanzen in der Elfenwelt beschaffen? Sie ähneln den Pflanzen der Außenwelt, da sie auf der ätherischen Ebene ihre Doppelgänger (oder eher Gussformen) sind.

Im Äther ist alles im Zustand ursprünglicher Vollkommenheit, wie sie zum Zeitpunkt der Schöpfung durch unsere

Gedanken war, die wiederum von den Gedanken der "Lichtvollen" oder Erzengel beeinflusst werden.

Muss ich euch also noch sagen, dass die Wälder und Heiden im Äther wegen ihrer höheren Schwingungsfrequenz viel üppiger und kraftvoller sind als in der Welt der Dichte?

Es gibt weder Wege noch Straßen, denn sie wären nutzlos, da wir uns mit der Schnelligkeit unserer Gedanken und Wünsche fortbewegen.

Eine Elfe kann allerdings wie ein Mensch "spazieren gehen" und das Bedürfnis verspüren, an geliebten Orten Kraft zu schöpfen.

Wenn wir einen Ort besonders schätzen, können wir seinen physikalischen Gegenpart für den Menschen sehr schwer zugänglich machen, denn wir sind äußerst geschickt darin, psychische Barrieren zu errichten.

In unserer Natur gibt es keine Schatten an sich, aber eine mehr oder weniger intensive, flimmernde "Lichtpräsenz".

Felsen und Berge sind uns nicht sehr wichtig, denn sie repräsentieren eher den Bereich der Erdgeister des vierten Äthers.

Allerdings wissen wir, wie wichtig dieser Bereich auch für euer Leben ist, da die Essenz der Mineralien notwendig für die der Pflanzen ist.

Wir fassen ihn nur nicht als unseren seelischen "Kontinent" auf, auch wenn er stets mit unserem Kontinent und unseren Kräften zusammenarbeitet.

Tatsächlich treten wir Elfen nicht gerne in Kontakt mit dem vielgestaltigen Volk der Erdgeister, die ihr als Gnome, Kobolde, Trolle und mit hundert anderen Namen bezeichnet. Umgekehrt ist es aber genauso.

Wir respektieren einander, da wir ja dasselbe tief verwurzelte Wissen um *Das*, was ist, teilen, nämlich, Kinder derselben Kraft zu sein, obwohl wir uns als sehr unterschiedlich empfinden, ein wenig wie die Prinzipien von Tag und Nacht, die sich zwar "treffen", aber sich niemals wirklich begegnen.

Gnome

Die Erdgeister (die Geister des vierten Äthers) sind sehr auf ihre eigene Ordnung bedacht. Sie leben im "Äthergewebe der Mineralien" und in dem, was ihr Höhlen und unterirdische Galerien nennt.

Sie lenken die chemischen Vorgänge, die von Menschen unbemerkt in den Böden stattfinden. Auch spielen sie eine beschleunigende Rolle in der sehr langsamen Evolution der verschiedenen Mineralienfamilien.

Ihre Welt wurde durch den Einsatz von Kunstdünger auf dem Planeten besonders erschüttert. Heute haben sie sich deshalb in die tieferen Gebiete des irdischen Äthers zurückgezogen ...

Die Gnome, Kobolde und so weiter haben von Natur aus ein verspielteres Gemüt als wir. Im Gegensatz zu den Elfen empfinden sie sich in ihrer Äthersphäre nicht als Volk. Ganz im Gegenteil bilden sie eine Art Mosaik, das sehr empfindlich für menschliche Gefühle ist, da sie sie auffangen und sich wie eine Tarntracht anlegen.

Die Menschenwelt sehen sie sehr ambivalent, sie können sie zugleich lieben und ablehnen. Sie sind viel primärer als wir, ihre Lebensweise gründet oft auf Kräfteverhältnissen und ist eher machtgeprägt. Allgemein lässt sich sagen, dass sie eigentlich jede Macht respektieren, der es gelingt, sie zu beherrschen.

Mein Volk betrachtet sie als plumpe, unbeständige kleine Brüder, die auf dem angrenzenden Lichtkontinent leben. Beide können nicht ohne einander auskommen.

Während wir den Atem repräsentieren, den das subtile Leben für seinen Fortbestand braucht, stehen die Gnome für den "gastrischen", "verdauenden" Aspekt des Lebens.

Elfenzeit

Elfen nehmen die Zeit extrem anders wahr als Menschen. Aus unserer Perspektive nutzt die vergehende Zeit den Körper nicht ab, sondern bewirkt, dass das Sein sich weiterentwickelt, fortschreitet und wächst ... immer ein bisschen mehr.

Die Zeit hinterlässt also keine Spuren auf unserer Haut, und wir haben immer dasselbe jugendliche, schöne Aussehen, das unserer Auffassung von Vollkommenheit und unserem Ideal entspricht.

Nur unsere Seele "altert", aber in Wirklichkeit reift sie, entwickelt sich, wandert weiter und vervollkommnet ihre Weisheit und Wahrnehmung, zumindest sollte sie das ...

Die Elfenwelt kennt keine Abfolge von Tagen und Nächten, sondern verschiedene Arten von Helligkeit, die die Natur schrittweise durchwandert und den Übergang von einer "Sequenz" zur nächsten bewirkt.

Demnach kennen wir keine Nacht als solche. Unsere Zeit wird von verschiedenen Helligkeiten und Lichtnuancen geprägt.

Wie kann ich das am besten erklären?

Eine irdische Jahreszeit entspricht einem Elfentag. Wenn man in den Jahreszeitenabschnitten oder Zeitmaßen der Außenwelt denkt, sind drei Monate einer menschlichen Jahreszeit etwa ein Elfentag.

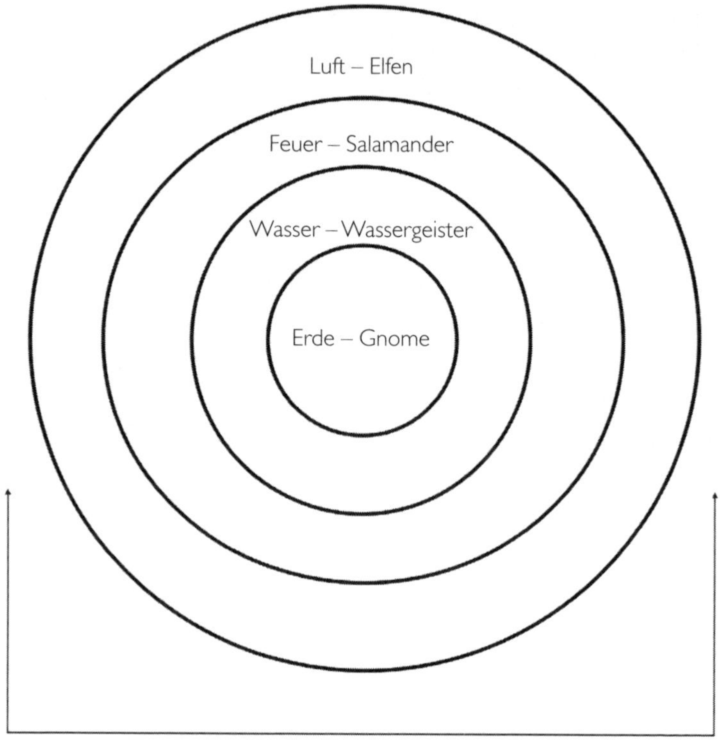

DAS ÄTHERISCHE UNIVERSUM
durchdringt die gesamte 4. Sphäre.
Die vier Elemente durchdringen sich gegenseitig und bilden die Grundlage der dichten Materie.

1) LUFT: Elfen. Spiegeläther. Zellgedächtnis.
2) FEUER: Salamander. Lichtäther. Empfindsamkeit, Lebensflamme.
3) WASSER: Wassergeister. Fortpflanzungsäther. Besamung, Lebensimpuls.
4) ERDE: Gnome. Chemischer Äther. Nahrungsverdauung.

Ein Jahr im menschlichen Kalender entspricht also vier Elfentagen. Zehn Menschenjahre ergeben somit vierzig Elfentage, und hundert Erdenjahre sind in der Elfenwelt ganz einfach vierhundert Tage.

Jeder Elfentag beziehungsweise jede menschliche Jahreszeit hat ihre eigene Farbe. Der Sommer wird rot wahrgenommen, der Herbst ist violett, der Winter schmückt sich blau, und der Frühling schattiert sich in allen vorstellbaren Grüntönen ... Färbungen, die sich in Worten und Maßstäben menschlichen Denkens unmöglich beschreiben lassen.

Die Elfen nehmen diese Veränderungen in der Tönung durch ein leuchtendes Flimmern des Äthers wahr, der sich unterschiedlich einfärbt. Die Veränderungen sind allmählich und fließend, ein wenig wie in einem Farbkreis, den man im Uhrzeigersinn durchwandert.

Um nochmals auf die Messung unserer Tage und Jahre zurückzukommen: Da unsere Zeitwahrnehmung einem Vier-Tages-Zyklus entspricht, können wir sagen, dass bei uns eine Woche aus vier Tagen besteht.

Ein Elfenjahr besteht aus achtundzwanzig Elfenwochen, denn der Äther erneuert und belebt sich in Zyklen aus achtundzwanzig "Schwingungsfrequenzen", die in etwa den Mondzyklen entsprechen.

Wenn ein Elfenjahr vorüber ist, das heißt etwa alle hundert Menschenjahre, kommt der Elfenrat spontan zusammen.

Im Übrigen hat jede Elfe Schwierigkeiten sich vorzustellen, was der Mensch das "Fortschreiten der Zeit" nennt. Wir kennen das menschliche Konzept der Evolution nicht, auf das die Menschenwelt so viel Wert legt. Das liegt an unserer anderen Zeitvorstellung, da wir den Tod nicht als körperlichen Verfall und seine "Wiedergeburt" nicht als langwierigen zwangsläufigen Prozess erleben.

Für uns ist das Leben nur eine simple, rhythmische Bewegung, veranlasst von einem "Wimpernschlag" der Natur.

Salamander

Mit dem zweiten Ätherkontinent unterhalten die Elfen die wenigsten Beziehungen, er wird klassisch "Lichtäther" genannt. Er erscheint uns flüchtig, und wir bringen ihm besondere Achtung entgegen.

Dank ihm oder vielmehr dank den Lebensformen, die sich darin ausdrücken, kann sich die Sensitivität der irdischen Welt ausbilden ...

Die dortigen Lebensformen werden traditionell Salamander genannt. Durch das Wirken der Salamander und ihres Schwingungsbereichs können sich die Sinne entwickeln und zum Ausdruck und zur Ausbreitung des Lebens beitragen.

Salamander haben keine bestimmte Gestalt, was manchmal etwas verwirrend ist. Im Gegensatz zu den Luftgeistern des Spiegeläthers (den Elfen) und den Erdgeistern des chemischen Äthers (den Gnomen) gehören die Geister des zweiten Äthers dem Element Feuer an. Sie leben gleichzeitig Einheit und Vielheit und die Allgegenwart der universellen Lebenskraft.

Es ist nicht einfach zu verstehen ... Aber die Salamander sind ein einziges und vielzähliges Bewusstsein zugleich.

Ihre Aufgabe ist es, alles zu durchdringen und allem, was ist, eine innere Flamme zu geben, die Dynamik und Lebensfreude schafft. Feuergeister sind also gewissermaßen das "Salz" aller Manifestationen.

Um diese Dynamik zu erzeugen, müssen sie sich aber auch von diesem Leben ernähren. Die Dynamik entsteht, indem die Feuergeister die vielfältigen Ausdrucksformen der Existenz "rotieren lassen". Sie erlauben keinerlei Stillstand.

Sie sind Säuberer, Reiniger und Erzeuger zugleich - und somit auch "Schleuser".

Außerdem handeln sie nach dem universellen Gesetz, laut dem stets ein bestimmtes "Feuerpotenzial" vorhanden sein muss, das in jedem irdischen Lebenszyklus alles erst erzeugt, dann verbrennt und dann wieder neu verfügt. Wir Elfen wissen, dass diese Aktion des Feuers notwendig für das Gleichgewicht der Natur ist.

Die Salamander sind unsere unauffälligen, aber ersten Verbündeten, was den Akt der Lebenserzeugung betrifft. Aber wir fürchten sie auch wegen ihrer Unnahbarkeit, Unberechenbarkeit und "Vielgestaltigkeit".

Ganz ähnlich wissen die Salamander, dass die Gegenwart der Elfen unabdingbar für ihre Harmonie ist.

Auf der physikalischen Ebene zeigt sich diese wechselseitige Abhängigkeit darin, dass das Feuer die Luft braucht, um zu sein, und dass die Luft einen "Feuer- und Wärmefunken" in sich aufnehmen muss, um das Leben weiterzutragen.

Wassergeister

Natürlich stehen wir auch in einer Beziehung zu den Wassergeistern. Sie sind die Bewohner des dritten Äthers. Auch die Wassergeister sind für uns Elfen ein bisschen rätselhaft. Wir halten sie für scheu und wenig "durchdringbar".

Unsere Welten haben kaum miteinander zu tun, wissen sich aber miteinander verbunden, weil sie im Heiligen Dienst der Erzengel stehen.

Auch müsst ihr wissen, dass das Bewusstsein der Wassergeister ebenso kollektiv ist wie das der Salamander.

Ihre energetische Struktur drängt sie dazu, die Ausbreitung und Regeneration des Lebens zu fördern, aber auch zu verlangsamen.

Die Wassergeister sind also die Seele des Elementes Wasser. Generell wirken sie durch einfache psychische Aktivität in allen Flüssigkeiten, Pflanzen und Tieren. Sie sind die betriebsamsten Akteure aller Formen der Fortpflanzung.

Wassergeister sind genauso sinnlich wie Elfen, aber ihre Natur ist im tierischen Sinne sexueller. Wir nehmen sie in Form quirliger Präsenzen wahr, die wegen ihrer "Glibberigkeit" nicht greifbar sind.

Ich muss hier noch anfügen, dass die Schwingungsgrenze zwischen der Welt der Wassergeister und der Elfen wie auch zwischen allen inneren Grenzen des Äthers porös ist. Diese Porosität liegt nicht an den dort lebenden sogenannten "Elementargeistern", sondern ist allein der Wille der Lichtvollen. Er bewirkt, dass ihre Aktivitäten gebündelt werden.

Wie man sie auch nennen mag, es gibt eine höhere heilige Ordnung, derer sich alle im Äther bewusst sind.

Devas

Was die Präsenzen betrifft, die die Menschen auf der Erde nunmehr Devas[2] nennen, herrscht einige Verwirrung. Zu Unrecht werden wir Elfen wie auch die Geister der anderen drei Elemente mit ihnen gleichgesetzt.

Devas sind Geister, die über die Tier-, Pflanzen- und Mineralienarten herrschen. Sie sind ihre Gruppenseelen. So gibt es einen Deva für jede Rasse und Art von Säugetieren, Vögeln, Fischen oder Insekten sowie natürlich auch für jede Pflanzen-, Gesteins- oder Kristallart. Jeder Deva repräsentiert eine bestimmte Bewusstseinsstufe, hat die Aufgabe, die Lebensform, für die er verantwortlich ist, zu einem bestimmten Entwicklungsstand zu führen, und entwickelt sich auch selbst mit ihr weiter.

Wir Elfen begegnen ihnen regelmäßig in Form von schwingenden "Lichtschatten". Sie leben aber nicht auf derselben

2) Der Begriff "Deva" wird im Westen erst seit Kurzem verwendet. Da Devas in der Sprache Sanskrit wörtlich Gottheiten sind, unterläuft dem Westen eigentlich eine Fehldeutung, wenn er sich mit diesem Begriff auf die Elementargeister bezieht.

Ebene wie wir, denn ihre Welt überlappt sich mit allen Ätherschichten.

Wir respektieren einander sehr, denn wir wissen sehr gut, dass wir alle Akteure des fortbestehenden Lebens sind.

Manchmal kann bei den Menschen der Eindruck entstehen, dass wir selbst Devas sind. Wenn unsere Seelen sich bei einem Hohen Landesrat durch einen "Hauptkanal" bündeln, kann es vorkommen, dass unsere Energien einen Moment lang verschmelzen und eine universale "Elfenpräsenz" erzeugen, die dann in der Menschenwelt wahrnehmbar ist. Manche sagen dann, sie hätten eine "Fee" gesehen ... Aber wir sind diesbezüglich vorsichtig, denn wir halten es für gefährlich, sich den Augen der Außenwelt auf diese Weise zu zeigen.

Aber nun, da ihr beginnt, all das ein bisschen besser zu verstehen, und die Karte der Innenwelten euch etwas vertrauter geworden ist, folgt mir noch weiter, dorthin, wo meine Verwandlung ihren Anfang nahm ...

KARTE VON TELLENDRACH'

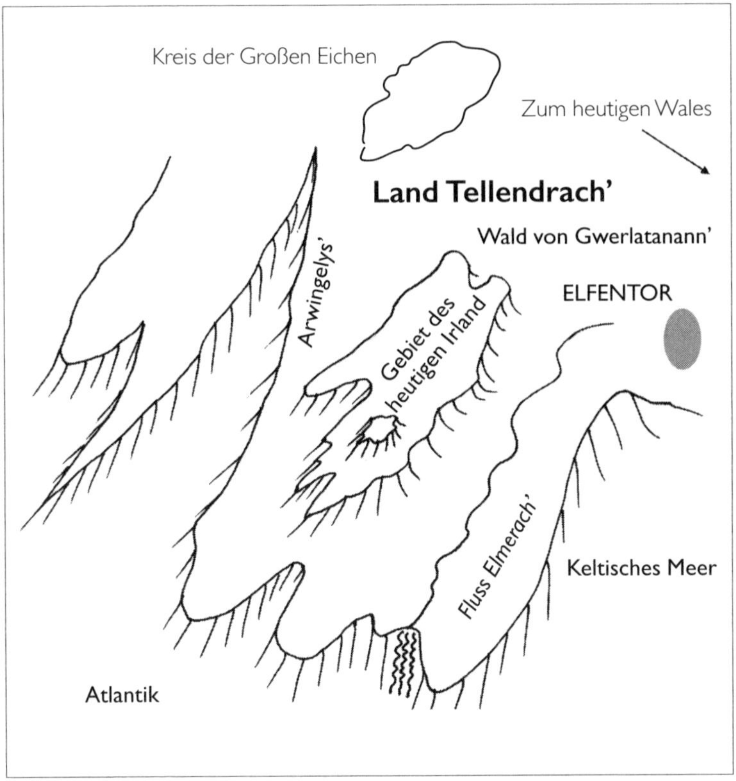

2

Am Ende der blauen Jahreszeit

Gerade war die blaue Jahreszeit zu Ende gegangen, in der das uns nährende Licht in aquamarinfarbenen Tönungen erstrahlt ...

Der Hohe Rat hatte sich versammelt und so das Ende eines Zyklus' der Erde und damit auch unserer Welt verkündet. Man hatte Ereignisse heraufbeschworen, zu denen es nur durch eine vorgesehene Veränderung kommen konnte.

Die Wächter, die die Ordnung der Dinge in den kleinen Territorialräten unseres Landes Tellendrach' bewahrten, waren von dort zurückgekehrt und hatten uns mitgeteilt, was darin gesagt worden war. Sie hatten uns den traditionellen Bericht über den *"Zustand des Atems der Welt"* überbracht.

Im Schutze des blättrigen Lichtes, das ich als Zuhause auserkoren hatte, war ich noch ganz von dem Gehörten eingenommen, das viele von uns zu fürchten schienen.

Die Wächter hatten uns über eine mögliche Neuordnung und, wie sie sagten, *anarchische* Vermehrung der Tore in Kenntnis gesetzt, die seit dem Großen Beben unter bestimmten Bedingungen eine Kommunikation zwischen *der Außen- oder*

Eisenwelt (der Menschenwelt) und unserer Welt ermöglichten. Allein die Vorstellung von dieser Anarchie genügte, um uns Sorgen zu bereiten, denn sie stand ganz und gar unserem Grundrhythmus und ureigenen Takt entgegen.

Ich erinnere mich, wie ich im Herzen meines großen Hains, in dem ich mir die Aufgabe gestellt hatte, ein Territorium zu harmonisieren, plötzlich das Bedürfnis verspürte, mich abzusondern, auch wenn ich das nicht gerne tat, weil die Knospen meiner Bäume dann erst später aufbrechen würden ...

Ich wollte mich in die Stille flüchten, um zu versuchen zu verstehen. Niemals hätte ich gedacht, dass eine große Zahl von Toren "einfach so" überraschend auftauchen und unsere Lebensordnung durcheinanderbringen könnte.

Welche Kraft steckte dahinter?

Seltsamerweise konnte ich im Gegensatz zu den meisten anderen aus meinem Volk und den "Seelenbildern"[3], die manche verbreiteten, nicht wirklich auf der Welle der Angst oder des allgemeinen Misstrauens mitschwimmen, die sich bei uns verbreitete.

In mir brodelte Neugier, was mir sogar dann und wann eine unerklärliche Genugtuung verschaffte. Ich wollte sehen und verstehen und war obendrein davon überzeugt, dass nur ich allein das wollte.

Doch lange konnte ich mich so nicht absondern, denn als ich mein Seelenstrahlen zurückhielt wie ein Mensch, der den

3) Eine Art holografische Vision, die Elfen erzeugen und unter ihres gleichen in Umlauf bringen.

Atem anhält, stellte ich schnell fest, dass mein Hain nur noch mit Mühe die Säfte aus dem Boden aufsaugen konnte.

Mir war immer gesagt worden, die Elfen könnten die spontane Fortbewegung des Lebens in ihnen nicht aufhalten, weil ihr eigenes Licht dieser Fortbewegung entstammte.

Jetzt stellte ich zum ersten Mal fest, dass dem wirklich so war, denn ich fühlte, wie meine Kräfte dahinschwanden, nur, weil ich allein sein wollte.

Musste ich mich also zusammenreißen, meine Sorgen herunterschlucken und wie alle anderen Furcht im Herzen hegen, ohne zu versuchen zu verstehen, nur damit die Knospen aufbrachen und wie gewohnt die grüne Jahreszeit begann?

In jenem Augenblick meines Lebens begriff ich plötzlich, dass ich zweifeln konnte, und erfuhr mein erstes Leid: War ich etwa eine anormale Elfe? Vielleicht sogar eine Abtrünnige?

Der liebliche Honigduft von Geißblattblüten wehte zu mir herüber ... Es war der moschusartige Duft meines Geliebten Erdwinn. Die grüne Jahreszeit war bereits vorangeschritten, aber merkwürdigerweise wollte oder konnte ich mich immer noch nicht aufraffen ... Bald würden die Säfte versiegen und zum Erliegen kommen.

Würde der Rat Recht behalten? "Wagt euch nicht auch nur in die Nähe irgendeines Tores!" Es war ein zwingendes Gebot. Die Wächter hatten uns gewarnt, aber ich war unfähig, dieses Verbot einfach nur zu hören, ohne mir Fragen zu stellen. In meiner Seele wuchs ein unerklärliches Gefühl der Auflehnung.

“Gwenedys, Gwenedys ... was hast du denn? Wir müssen mit den Säften arbeiten! Tellendrach’s Erdreich braucht uns! Bitte rühre dich ... Höre auf die Wächter und den Rat!”

Atemlos blickte Erdwinn mich aus seinen saphirblauen Augen an und drückte mich an sich, um mich zu wärmen und mir ein wenig Energie zurückzugeben, die mir plötzlich zu fehlen schien.

“Ich arbeitete gerade in meinen Hainen, als mich beunruhigte, wie das grüne Licht in deinem Blattwerk immer weiter abnahm”, fuhr er fort, “und jetzt finde ich dich hier blass, zitternd und kraftlos vor ...”

“Ach, der Rat ... vielleicht, Erdwinn ... Er sagt uns immer wieder dasselbe, aber ich tue einfach gar nichts mehr. Ich weiß nicht mehr, was richtig ist, verstehe nicht mehr, was geschieht ... Ich denke ständig an die Warnungen der Wächter und werde dabei so müde, dass ich die Säfte vernachlässige und die Fortbewegung meines Lichtes gebremst wird. Und ich stelle mir Fragen.”

“Du stellst dir Fragen? Aber das können wir nicht ... Das ist unmöglich! Es ist wider die Natur der Elfen, in Zweifel zu ziehen, was schon in uns festgeschrieben steht. Der Hohe Rat denkt zum Wohle unserer Sippe, das weißt du genau. Wenn du dich nicht um unsere Welt kümmerst ... ”

“Unmöglich, sagst du? Aber genau das geschieht doch gerade. Etwas in mir ist es leid, ständig auf die Ratschläge und Befehle der Wächter zu hören ... Nur noch Verbote! Nur noch Diensterbringung, ohne sich je Fragen zu stellen oder überhaupt das Recht dazu zu haben! Hast du denn kein Verlangen nach mehr?”

Erdwinn versenkte seinen Blick in meinen. Er schien entmutigt.

“Gwenedys, meine Elfe ... Ich sehe deine Schönheit und werde nicht müde, mich an deinem Duft zu freuen, der den blauen Momenten der heiteren Jahreszeit entspringt. Er erinnert mich an die wohlriechenden Pfingstrosen, die uns so oft umgeben ... Mein ganzes Wesen atmet dich voller Glück in dieser Welt. Gwenedys, siehst du nicht, dass unsere Welt nun einmal so ist? Wir sind hier glücklich ...”

Seine Worte brachten mich mit ihrem Konformismus schier zur Verzweiflung.

“Ich bitte dich, wenn du hergekommen bist, um die Worte des Rates zu wiederholen - dann kannst du gleich wieder gehen. Ich soll mich vor dem Tor hier in der Nähe und vor den Menschen in Acht nehmen, nur um die Ordnung unserer Welt aufrechtzuerhalten? Die Wächter werden nicht müde, es ständig zu wiederholen, als würde sonst alles für immer stillstehen. Gleichzeitig geben sie zu, dass die Tore sich seit dem Großen Beben und den Sintfluten vermehrt und sich zwischen den Welten angenähert haben.

Ist das nicht viel eher ein Zeichen, auf das man achten sollte? Warum immer fürchten und nicht versuchen, den Abstand zwischen *Jenen der Außenwelt* und uns zu verringern?”

Erdwinn schien entsetzt von meiner Antwort.

“Aber ... aber ich brauche dich! Worum beneidest du denn die irdische Metallwelt? Um die Menschen etwa? Grausame, übelriechende Kreaturen, die sich in nutzlosen Kriegen gegenseitig niedermetzeln! Wir alle wissen das!”

"Du kannst das doch nicht einfach nur auf dich beziehen. Du verstehst es nicht ... Was genau ist denn dieser 'Takt', diese Halbherzigkeit, die wir bewahren müssen, um unser Gleichgewicht aufrechtzuerhalten? Kultivieren wir damit nicht nur Unwissenheit und Gewohnheit?

Nie ändert sich hier irgendetwas, alles folgt immer denselben Rhythmen der Säfte und unseres Atems, während in der Außenwelt ... "

"Was ist mit der Außenwelt? Auch die da draußen brauchen unser Gleichgewicht! Das ist uns allen wohlbekannt."

Erdwinn hatte das Gefühl, dass die ganze Welt ihm auf den Schultern lastete und auch in ihm das Leben zum Stillstand gekommen war. Ein sonderbares Gefühl der Leere erfasste ihn. Ich hörte ihn denken ...

"Diese lärmenden, übelriechenden Menschen ... Nutzlose Kreaturen des Todes und des Kriegs. ... Wie kann sie nur neugierig auf sie sein? Sie, die so süß, so schön und fast ewig ist ... "

Meine Antwort kam ganz von allein, so sehr sprach sie direkt aus meinem Inneren.

"In der Außenwelt, mein lieber Freund, sind sie auf der Suche, tun etwas, sind frei, sagt man. Sicherlich haben auch sie Angst und leiden in diesen stürmischen Zeiten ... Aber haben wir der Erde denn keinen größeren Dienst zu erweisen? Manchmal beneide ich sie um ihre Freiheit ..."

"Auch du beziehst alles nur auf dich, Gwenedys! Du beneidest sie um ihre Freiheit? Weißt du eigentlich, was es wirklich damit auf sich hat? Ich verstehe dich nicht mehr. Ja, wir stehen im Dienste der Erde, aber nicht im Dienste der Menschheit. Der Rat hat uns immer gewarnt: Die Menschen haben seit jeher unserem Gleichgewicht geschadet. Sie haben Chaos in unserer Welt gestiftet ... immer, wenn das Gleichgewicht der Kräfte ins Wanken geriet."

"Kann man von Gleichgewicht sprechen, wenn man gar keine Vergleichsmöglichkeit hat? Ist es anormal zu denken? Sich Fragen zu stellen?

Unsere Welt scheint prädestiniert dafür, immer dasselbe zu wiederholen ... Als würde sie sich ständig im Kreis drehen, damit jeder seine Aufgabe mustergültig und unermüdlich ausführt. Vielleicht bringen wir die Welt zum Wachsen, aber wachsen wir selbst dabei auch?

Alles hier erscheint uns schön, gut und vollkommen, aber ist 'von Natur aus' vorgeschriebene Schönheit und Güte wirklich echt? Ich will das wissen, Erdwinn!

Lass uns auf der Lichtung der Großen Eichen zusammenkommen, bei den Eiben, westlich der Gipfel der grünen Täler. Wenn das Licht schwächer geworden ist, könnten wir mit unseren Schwestern Talisenn und Gwandenn darüber sprechen."

Erdwinn schien zu überlegen. Er fand es riskant, sich jetzt schon meinen Freundinnen anzuvertrauen, wo doch alles wahrscheinlich nur eine rebellische Phase von mir war. Eine Laune eben! Zumindest hoffte er das.

"Bist du dir sicher, dass du ihnen alles erzählen willst, was du mir gerade zugetragen hast? Du weißt doch sicher, dass die Wächter und der Rat immer alles schnell erfahren und das alles gewiss nicht ohne Konsequenzen bleiben wird."

Erdwinn sah mich wieder an, in der Hoffnung, ich würde einen Rückzieher machen. Aber ich blieb unbeirrt und hielt eine Hand an meinen Bauch. Es war so schmerzhaft, dieses Feuer, das darin brannte ... Es brüllte in mir, während mir das Herz bis zum Hals schlug.

"Dann sei es so! Wenn du es wünschst, werde ich kommen, mein Opal", sagte er mit tränenerfüllten Augen.

Er strich mir übers Haar und ging schweren Herzens davon.

Traurig und kraftlos blieb ich zurück, denn ich war mir nicht sicher, ob er wirklich verstand, was ich durchmachte oder wie triftig meine Gründe waren.

War es wirklich so schwer nachzuvollziehen, was ich fühlte? Irgendwie schien ich die Einzige mit einer eigenen Innenwelt zu sein. Aber ich hatte ein Recht auf meine Meinung, auf Empfindsamkeit, die sich nicht immer an feste Schablonen hielt!

Zum ersten Mal kam mein Volk mir sonderbar vor ...

Natürlich hatte Erdwinn auf seine Weise Recht, denn wir waren glücklich, aber was mich nicht mehr zufriedenstellte, war dieses fast 'erzwungene' Glück, wie ein Stempel, der uns unabänderlich auf unsere Seele, unser ureigenes Elfenwesen aufgedrückt worden war.

Wer steckte dahinter? Ich fragte mich, ob wir wirklich mit der Ewigen Kraft der Lichtvollen zusammenarbeiteten oder ob wir vielleicht unwissentlich zu ihren Sklaven geworden waren.

Ich überlegte, wo der Dienst aufhörte und wo die Knechtschaft begann. Alles wurde mir immer klarer ...

Wenn es Knechtschaft gab, dann auch Stillstand!

Was würde mit *Jenen der Außenwelt* geschehen, wenn wir uns ihnen näherten? Würden sie vielleicht irgendwann besser und sich mehr der Schönheit zuwenden, die wir ihnen schenkten und von der sie sich schon immer eher unbewusst genährt hatten?

Und wir Elfen ... was würde mit uns geschehen, wenn wir uns ihrer Eisenwelt nähern würden? Lag darin wirklich eine Gefahr für Tellendrach'?

Es war das Unbekannte, musste ich mir eingestehen. Aber wenn ein Tribut zu zollen war, dann war ich bereit hinzugehen und nachzuschauen, wie genau er aussehen sollte.

Während mein Elfenkörper Mühe hatte, sein immer gleiches, ewiges Werk zu verrichten, fühlte meine Seele sich gerufen, etwas Eigenes zu vollbringen, um die Wand ihres unsichtbaren Gefängnisses zu sprengen.

Tränen liefen mir über das Gesicht, sie hatten die Farbe des Herbstes.

Schweren Herzens, aber von einem seltsamen Feuer erfüllt, machte ich mich auf den Weg zur Lichtung der Großen Eichen. Würde ich den Meinen eine Vorstellung vom Duft von Freiheit geben können? Wagemut musste bei uns erst einmal erfunden werden ... Den Begriff des Risikos kannten wir nicht!

Ich konnte nur auf die Aussagekraft meiner "Seelenbilder" hoffen, denn viele Vorstellungen, die ich ja selbst gerade erst entdeckte, konnten in unserer Sprache gar nicht ausgedrückt werden.

Die Freiheit zu definieren, die ich spürte, war so, als wollte ich die lebensspendende Sonne definieren. Und welchen "Willen" gab es, wenn dieselbe Kraft uns immer in dieselbe Richtung trieb?

Zu lernen, etwas zu wollen, musste unser aller Herausforderung sein!

Gedankenverloren sah ich schließlich die kleine Gruppe meiner Freunde am Fluss Elmerach' auf der vertrauten Lichtung sitzen, auf der wir uns immer trafen.

Sie lag da in ihrem Graskleid voller wassergrüner Mondreflexe und Goldfunken. Befreundete Präsenzen flimmerten auf ihr ...

Ich liebte diese Szenerie, die vor Leben nur so sprühte! Ihr Zauber erfüllte die grüne Jahreszeit. Das Gras war schon hoch, die Bäume mächtig und erhaben.

Der Fluss strömte munter dahin und bespritzte den rosigen Hagedorn und die purpurfarbenen Passionsblumen, die an seinen Ufern wuchsen, mit federleichten Tröpfchen. Geheimnisvoller Nebel umhüllte sein Licht wie eine Samtschatulle.

Elmerach's Geplätscher verband unsere Laubhaine mit den großen, malvenfarbenen Nadelbäumen, die sich bis in den Westen erstreckten ... ins Land Arwingelys'.

Auf seinem großen, von unzähligen Furchen durchzogenen Blauquarz sitzend, die der Lauf der Elfenjahreszeiten darauf hinterlassen hatte, schien Erdwinn in ein lebhaftes Gespräch mit meiner Schwester Gwandenn vertieft.

Talisenn hielt sich im Hintergrund. Sie entdeckte mich zuerst und warf mir ein zaghaftes Lächeln zu. Ohne zu zögern, aber mit einem flauen Gefühl im Magen, ging ich zu ihr.

"Gwenedys! Da bist du ja ... Ich dachte schon, ich würde dich nie wiedersehen, so schwer scheint auf deiner Seele zu lasten, was Erdwinn uns berichtet hat. Ich bin besorgt. Was ist mit dir? Woher kommt diese innere Auflehnung?"

Talisenn und Erdwinn wandten sich mir zu, die Gesichter angespannt vor Besorgnis über etwas, das vielleicht unsere Welt bedrohte. Erdwinn blickte mich mit einer Eindringlichkeit an, als wartete er auf ein Wunder.

"Ach, Talisenn", klagte ich, "meine Seele leidet an ihrem Gefängnis, ich bin verzweifelt, weil ich so nicht weitermachen kann ... Ich brauche Freiheit. Weißt du, was das ist?

Ich möchte sehen und selbst wählen, statt mich zu fügen! Meine Seele dürstet es nach Wissen, ich kann diesen Ruf in mir nicht mehr zum Schweigen bringen, der unserem Gesetz so fern ist. Woher kommt dieses Gesetz? Sag es mir ...

Die Tore der Metallwelt öffnen sich wieder und zeigen sich unserem Volk. Warum sollten wir sie ignorieren oder gar fürchten? Sollten wir unsere Seelen *Jenen der Außenwelt* nicht lieber ein wenig öffnen?

Wir sind das Gerüst der Eisenwelt ... Wir erschaffen ihre Natur und bringen sie ins Gleichgewicht. Aber sollte unsere

Rolle nicht auch darin bestehen, ihnen zu helfen, sich wieder selbst um ihre geschundene Erde zu kümmern?"

Talisenn blickte mich scharf aus ihren großen, rehbraunen Augen an. Ich sehe sie noch vor mir mit ihrem Haar, das ihr feines, schimmerndes Gesicht umspielte ...

"Aber Schwester, hast du die Botschaft des Hohen Rates auf der letzten Versammlung des Zyklus überhaupt verstanden? Hast du den Bericht der Wächter gehört? Er fordert uns auf, uns den neu entstandenen Toren nicht zu nähern und jeden Kontakt mit der Außenwelt zu meiden, und zwar zu unserer eigenen Sicherheit. Verstehst du nicht, was auf dem Spiel steht? Was ist nur in dich gefahren, dass du dir solche Gedanken machst?

Warum lässt du mitten in der grünen Jahreszeit deine Arbeit liegen? Weißt du nicht, was demjenigen blüht, der sich nicht mehr um die Säfte seiner Haine kümmern will? Es heißt, er verliert dann sein eigenes Licht!

Wir können uns nicht erlauben, die Natur des Elfenäthers zu vernachlässigen. Das ist noch nie geschehen. Fürchtest du nicht die Reaktion der Devas?

Zweifeln und Abwägen sind nicht gesund. Unser Volk lebt seit jeher harmonisch *im gerechten Bund*[4], wir sind glücklich mit unserer gemeinschaftlichen Arbeit. Jeder hat seinen Platz, ohne Neid oder Ehrsucht ...

Du weißt es ... Gerecht verbunden, um im Dienste des Rates unseres Volkes zu arbeiten und zu wirken und unsere

4) Gerechter Bund: Begriff der Elfensprache, beschreibt spontane affektive Annäherungen innerhalb einer Gruppenseele.

Gesetze zu hüten! Wir leben im Dienst der allmächtigen Natur, noch nie hat Zweifel unsere Seele in Disharmonie gebracht.

Die Lichtvollen wachen über unser Universum, sie wissen mehr als wir, sie schützen seine Ordnung."

Es war immer dieselbe Belehrung ... Gwandenn und Erdwinn, die bisher geschwiegen hatten, erhoben sich. Hand in Hand gingen sie auf Talisenn und mich zu.

Gwandenns smaragdgrüne Augen blickten zornig und traurig zugleich.

"Du bist tatsächlich eine Abtrünnige geworden, Gwenedys! Mit deinen Launen wirst du unserem Volk große Probleme bereiten. Die Verunreinigung durch die Menschen ist gefährlich. Sei wieder die, die wir so sehr lieben!"

Ich lächelte Gwandenn zu, auch wenn mich ihr Urteil schmerzte. Wie Talisenn und Erdwinn war auch sie fassungslos.

Aber der Wind blies mit einem Singsang, der süß für meine Seele war, süß wie der Honig der Liebe, wenn er beim Liebesakt in uns fließt und uns trunken macht ... Erstaunlicherweise spürte ich keine Angst mehr.

Meine Gedanken wirbelten nur so durcheinander, und mir kam die wahnwitzige Hoffnung, ich könnte sie einen nach dem anderen und am Ende ganz Tellendrach' überzeugen. Die Idee machte mich freudentrunken, wie eine Elfe, die ihre ganze Energie zusammennimmt, um ihrem Volk eine Seele zurückzugeben. Ich sehnte mich nach der Sonne.

Ich wusste, dass Elfengedanken so schnell reisten wie der Flügelschlag der Kolibris (die oft zwischen den Tier-Devas und uns vermittelten) und dass irgendwo auch andere Elfen diesen Ruf verspürten.

Hatte ich ihn überhaupt als Erste gehört oder war ich nur einer von vielen Mittlern einer Verwandlung oder Öffnung, die das gesamte Elfenvolk betraf?

Mein ganzer Körper begann zu vibrieren und zu pulsieren, und aus meinem Herzen drang eine wunderliche Musik. Sie sang von der Hoffnung auf Freiheit und einer neuen Dimension. Es waren so viele unbekannte Noten darin!

Meine Freunde traten näher zu mir. Sie versuchten, die Melodie in sich aufzunehmen, um besser zu hören und zu verstehen, was mein Leben so aufgewühlt hatte. Wie gerne hätte ich sie damit angesteckt ...

Aber was war die Kraft, die sich so Gehör verschaffte, und was wollte sie von mir?

Zum ersten Mal fühlte ich mich eins mit ihrem Strom, aber zugleich mit Luft, Feuer, Wasser und Erde verbunden. Würde ich den Mut finden, bis ans Ende zu gehen, um ihren Namen zu erfahren? *Sie zu identifizieren*? Noch wusste ich nichts darüber, und erst recht nicht, was mich erwartete.

Ja, ich sehnte mich danach, schöpferisch frei zu sein, mir meine Seelenfarben auszusuchen, zu brillieren, vielleicht auch hinzufallen und, warum nicht, auch zu irren ... Ich wollte anders lieben und alles wissen.

In einem imaginären Dialog hörte ich mich zu meinen Freunden und meiner Seelenfamilie sprechen.

“Könnt ihr mich verstehen? Ich bin es müde, immer nach denselben festen Abläufen zu handeln, ohne je etwas daran zu ändern, ohne je eine andere Musik als unsere zu hören. Ich will lebendig sein mit allem, was das Leben uns bietet ...

Fühlt ihr denn gar keine Flamme in euch? Eine andere, kleine Flamme, die lernen will?

Welchen Ursprung habt ihr, und welchen Ursprung hat das, was wir als Vollkommenheit ansehen? Ist diese Harmonie nicht vielleicht eine Illusion, um unser Bewusstsein zu betäuben?

Du, Talisenn, Gwandenn, und auch du, Erdwinn, seid ihr denn gar nicht neugierig, was geschehen könnte, wenn wir einfach nicht auf die Warnung des Rates hören würden?

Die Menschen sind unsere *Brüder.* Dürfen wir sie ignorieren? Ihr wisst sehr wohl, dass Tellendrach’ seit den Großen Unruhen keine neuen Geburten mehr zulässt, denn das Gebiet Irland in der Eisenwelt ist geografisch ein Teil unserer Sippe, und wir sind von seinem Leid betroffen.

Ja, ohne es uns selbst einzugestehen, leiden auch wir, denn wir veranlassen keine neuen Geburten mehr und können nicht mehr so zahlreich im Dienste der Lichtvollen arbeiten. Wir haben vergessen, dass sie uns zu den Webern der Welt machen wollten und was das wirklich bedeutet!

Unser Volk ist von Unruhen bedroht ... aber nicht wie ihr vermutet. Glaubt mir, wir werden ihnen nicht entkommen!

Ich behaupte gar nicht, dass die Menschen dort, wo sie mit unserem Land in Verbindung stehen, vollkommen sind. Wir brauchen uns nur ihr Wehklagen und ohrenbetäubendes

Geschrei anzuhören. Sie sind verzweifelt ... Nichts als Blutvergießen und Tote!

Ich weiß nicht warum, aber meines Wissens glauben die Menschen an sogenannte Götter und können durch ihren Glauben Leid überwinden. Natürlich kennen sie auch Zweifel, aber ihr Glaube macht mich betroffen und rührt mich zutiefst. Ich bin neugierig darauf ... ihr denn nicht?

Talisenn, ich habe dich gesehen, wie auch du schon zur Schleuse gegangen bist. Auch du hörtest dort ihre Klagen. Streite es nicht ab!

Ich fühle mich hier inzwischen wie eingesperrt, meine Seele erstickt ...

Sie geht ein, weil sie nie etwas erleben kann, was mir inzwischen 'größer als alles andere' vorkommt.

Seit dem Großen Beben fühle ich, dass Lichtströmungen zu mir dringen. Ich wollte es nicht glauben, aber ... Um das Heilige, das die Lichtvollen uns einflößen, *von innen heraus* zu verstehen – müssen wir dafür nicht erst einmal den Unterschied kennen?

Ich brenne von diesem Ruf und werde bis ans Ende gehen, um ihm zu begegnen. Ich muss mich öffnen und wünschte, ihr wärt so durstig wie ich. Ich weiß, der Rat wird es nicht gutheißen, auch meine Familie nicht, aber ich habe keine Furcht mehr."

"Gwenedys, meine Süße", flüsterte Erdwinn, der meinen inneren Monolog gehört hatte. "Ich glaube, dass eine Kraft durch dich spricht ... Manchmal fühle auch ich mich seltsam berührt von etwas, das mir wie ein Ruf erscheint."

Konnte ich Erdwinn glauben? Seine Eröffnung kam so plötzlich ... Ich musste ein wenig allein sein und wieder zu meinen Laubbäumen zurück.

Also zog ich mich zurück, doch leider konnte ich weder "meinen Blick verschließen" noch die geringste Ruhe finden. Ich musste erst einmal verdauen, worüber wir gesprochen hatten. Ja, es hatte mich verletzt, so angegangen zu werden, und in meinem Kopf schwirrten viel zu viele Gedanken herum.

Hatte ich sie überzeugt? War Erdwinn ehrlich gewesen? Ich hatte keinen besonders guten Zugang zu seiner Seele. Ich wusste gar nichts mehr, aber der Lauf der Jahreszeit würde es mir zeigen.

Ich musste mich der Kraft hingeben, die zu mir sprach ... Aber schon bekam ich es wieder mit der Angst zu tun, was mir zeigte, dass meine Behauptung, mich nicht mehr zu fürchten, bloß Prahlerei gewesen war.

Es war wohl noch ein wenig Geduld vonnöten.

Doch irgendwann hielt ich es nicht länger aus und beschloss, mich unauffällig zur Hauptschleuse des Landes Tellendrach' zu begeben ... zum Großen Tor in die Außenwelt. Ich wusste genau, wo es sich befand.

Ich musste es einfach erproben, ich musste leben.

Die Lichtströmungen führten mich direkt dorthin. Wie einfach das war! Sofort tauchte das Loch der Zeitlosigkeit vor mir auf. Es war das erste Mal, dass ich zuließ, ihm so nahe zu kommen.

Ein Sturm tobte darin, der funkelnde Sternenwirbel erzeugte, ein Prasseln und Knistern und Töne, die ich nicht kannte. Ich wartete nicht länger, überlegte nicht weiter ... Ich fühlte einen inneren Drang, tat einen Schritt, dann noch einen, um die Schwelle zu überschreiten ... bis ich nichts mehr wahrnahm, weder lebendiges Licht noch Bewegungen noch Seelenmusik.

Alles stand still ... dann eine Art süße Explosion, und alles öffnete sich! Schwieriger war es also gar nicht?

Ich befand mich im Halbschatten eines Waldes aus Laub- und Nadelbäumen, die unseren ähnelten, aber sie waren weniger ... weniger ... Mir fiel das Wort nicht ein. Die Pflanzen rochen gut ... aber es war, als verströmten sie nicht ihren ganzen Duft, als sei er gezähmt.

Alles schien mir "verhalten", "halb atmend", ja fast erstickt.

Ich wollte ein paar Schritte tun ... Aber sie glitten nicht so dahin, wie wir Elfen es gewohnt sind. Kurze Grashalme und kleine Steinchen blieben an meinen Fußsohlen haften.

Ohne es zu wollen, begann ich, über meinen Körper, mein Aussehen nachzudenken.

Wo war mein helles Licht?

Einen Moment lang fühlte ich mich fast seiner beraubt. Reflexartig begann meine Haut zu ihrem Schutz ein anderes Gewebe herzustellen, als würde sie sich schämen ... ein Gefühl, das mir, unserem Volk bislang unbekannt gewesen war.

Das neue Gewebe umhüllte mich wie ein Kleid. Es ähnelte etwas, das wir "Dunsthauch" nennen, einem smaragdgrünen Nebelschleier.

Kurz darauf sah ich unter dem Blätterdach eine Art Pfad. Libellen und Schmetterlinge flatterten dort herum. Ich entdeckte sogar zwei Kaninchen, die mich neben einem Felsen hinter hohem Gras versteckt beobachteten. Es war das erste Mal, dass ich Insekten und Tiere so deutlich sehen konnte.

In meiner Welt waren sie nur vorüberziehende Lichter, flüchtige Präsenzen.

Wir konnten allein die Spiegelungen ihrer Seele erfassen, wenn ihr Körper schlief und ihr Bewusstsein ihm sacht entschwebt war.

Ich suchte die Kaninchen mit meinem Blick, ging auf sie zu ... Das war so neu! War ich nun verdichtet, lebendig in der Außenwelt, sodass sie mich ebenfalls sahen? Ich brauchte nicht lange zu überlegen.

Das lebhafte Auf und Ab ihrer Nasen, die in meine Richtung zeigten, bestätigte es mir.

Eine Eule ließ mich hochschrecken und starrte mich mit großen gelben Augen an, während Schmetterlinge bunte Kreise flatterten. Ihr lebendiges kleines Reich schien mir seine Liebe zeigen zu wollen.

Ja, auch hier gab es wirkliches Leben ... nicht nur Schwere und Blut, wie der Rat es uns weismachte ...

Ein kurzes Glücksgefühl, vermischt mit einer Prise Bangigkeit und unendlicher Neugier, ergriff mich. Ich hatte es *tatsächlich* gewagt, durch das Tor zu gehen. Aber ich musste mich kurz ausruhen und ein Bett aus verwobenen Gräsern oder Flechten finden, um das Mysterium der anderen Seite meiner Welt zu kosten und einzuatmen.

Ich legte mich auf einen Moosteppich und gönnte mir eine stille Atempause. Meine Seele war glücklich, den ersten Schritt in die Freiheit getan zu haben.

Mit einem Mal hatte ich das Gefühl, verfolgt zu werden, aber nicht von meinen neuen tierischen Freunden, sondern von einer Präsenz, die mir nachspähte ... von Baum zu Baum ...

“Frau aus dem Hochwald ... Frau aus dem Hochwald ...”

Die Stimme suchte mich, war wie ein Flüstern oder Zögern. War da jemand? War ich gemeint?

Mein Herz schlug schneller, mir wurde bange ... Hatte *man* mich gesehen?

Von meiner Seele gedrängt, richtete ich mich langsam auf, wie ein Phantom in einer Welt, die nicht die meine war, und in mir ertönte eine kleine Stimme: *“Und jetzt, Gwenedys, wie kommst du jetzt wieder in deine Welt zurück? Kannst du noch einmal durch die Schleuse gehen? Weißt du überhaupt, wo du bist?”*

Das genügte, um mich in Panik zu versetzen, und in der Windeseile meiner Gedanken stürzte ich zurück.

Das Tor war noch da, wie ein siedender Lichtschein, neben einer Baumgruppe am Wegesrand. Voller Sorge steuerte ich auf die Schwelle zu ...

Ein menschlicher Schatten schien dort zu stehen ... Er hatte langes, rotes Haar. Es war ein Mensch!

Seine Stimme drang zu mir ... Ich verstand die Sprache nicht, aber erfasste telepathisch, was sie meinte. Er rief wieder:

“Frau aus dem Hochwald, Frau aus dem Hochwald ... hab keine Angst vor mir!”

Ohne zu wissen wie, schlüpfte ich zurück durch die Schleuse und fand mich augenblicklich in der vertrauten Umgebung wieder. Ich war wieder zu Hause, bei meinen Laubbäumen.

Ich war atemlos, aber glücklich, und fühlte ich mich irgendwie anders als sonst ... Und war das jetzt schon alles?

“Frau aus dem Hochwald!” hatte die Stimme gerufen. Hatte sie wirklich mich gemeint?

3

Frau aus dem Hochwald

Einen Moment lang wusste ich nicht, was ich tun sollte ...

Sollte ich nach diesem Wagnis nun einfach weiter in meinem Hain arbeiten? Meine Rebellion an dieser Stelle beenden?

Ich kannte mich zu gut, um zu wissen, dass das unmöglich war, denn das wahre Tor, durch das ich gegangen war, lag zunächst einmal in mir selbst.

Also glitt ich hier und da zwischen den Laubbäumen meines Haines umher, um das Werk der grünen Jahreszeit zu Ende zu führen und den Stand der Knospen zu prüfen. War das nicht auch dringend nötig?

Aber meine Seele war leer und voll zugleich, zu allem bereit, ohne zu wissen, ob sie mit den anderen teilen sollte, was vielleicht nichts anderes als ein kurzer Ausflug gewesen war.

Würde ich es überhaupt vor den anderen verbergen können? Elfenseelen sind äußerst durchlässig!

Sicher war, dass Erdwinn alles erraten würde, weil er in mir lesen konnte wie in einem offenen Buch. Er würde meine Gedanken erkennen, und meine Seelenbilder würden sich überall in Tellendrach' verbreiten und lauthals von meiner Verfehlung und Abtrünnigkeit künden.

Die Wächter sagten uns immer wieder, die Menschen der Außenwelt könnten ihre Gedanken für sich behalten und auch irreführende Gedanken erzeugen. Sie nannten das "lügen".

Bisher war mir nicht klar gewesen, was mit dem Begriff der Lüge gemeint war, denn für uns war das eine schwammige Bezeichnung. Eine Lüge konnte erahnt, aber nicht getan und daher auch nicht erlitten werden.

Ich begriff, dass die Elfen nie eine andere Wahl gehabt hatten, als stets ihre unverrückbare innere Wahrheit preiszugeben.

War das eine gute Eigenschaft ... oder ein unabwendbares Schicksal, das ihren freien Willen einschränkte?

Mitten in meinen Grübeleien kam mir plötzlich der Gedanke, dass unser Herzens- oder Seelenraum eigentlich sehr klein war und uns kaum selbst gehörte.

Es war eine beunruhigende Erkenntnis.

Wenn unsere Seele so "durchlässig" war und alles durchsickern ließ, ergab der Glaube an unsere Individualität nicht gerade viel Sinn. Und wo war auch hier unsere Freiheit?

Musste ich, um mich weiter durch meine Schleuse vorzuwagen, lernen zu lügen? War die Freiheit, nach der ich mich sehnte, nur möglich, wenn ich das Verheimlichen lernte?

Unter dem Blattwerk, das meine Gedanken überdachte, fühlte ich mich gehemmt und unfähig, irgendeine Entscheidung zu treffen.

Alles hier war schön ... Meine Schwestern und Freunde hatten Recht mit ihrer Sicht der Dinge. Ich musste irgendeine Krankheit haben, die mich dazu bringen wollte, dieses Stück Wald zu verlassen, aus dem ich in einem "wahnwitzigen" Moment einen Schritt in die Menschenwelt getan hatte.

Ich drehte mich um. Der Durchgang war immer noch da, nicht weit entfernt, und ich fragte mich, ob er eigentlich aus Licht oder Schatten bestand.

War die Freiheit etwas Dunkles? Bürdete sie uns Dualität und Ungewissheit auf? Ich versuchte, diese mir so fremde Frage zu verstehen, aber es war, als würde ich einen Sprung ins Leere riskieren.

Niemand leitete mich, nichts gab mir Halt!

Plötzlich meinte ich, in der Entfernung eine dunkle Gestalt in der Mitte der Schleuse zu erkennen, eine unscharfe Silhouette, die von einem leichten Windhauch bewegt wurde.

Ich steuerte auf sie zu, ohne es mir gewünscht zu haben, als würde meine Seele mich dazu drängen. Es war stärker als mein Elfenwille. Es war ... der Wille des Schicksals!

"Frau aus dem Hochwald, Frau aus dem Hochwald ..."

Ich erschauderte ... Es war dieselbe Stimme, derselbe Ruf, der mich schon auf der anderen Seite des Tors überrascht hatte.

War der Mensch mir gefolgt? Versuchte er es weiter? War ein Mensch aus der Eisenwelt ebenfalls von dem Tor angezogen worden? War das überhaupt möglich?

Mir wurde angst und bange, und ich fühlte, wie mein Seelenlicht sich zerstreute ... Ich musste von hier weg.

Aber mir blieb keine Zeit mehr. Plötzlich zeichnete sich eine Gestalt ab und tauchte aus dem "Wirbel zwischen den Welten" hervor.

Der Rat hatte uns gewarnt und rigoros gesagt: Die Schleuse konnte sich auch aus der Metallwelt in unsere öffnen!

"Frau aus dem Hochwald!", rief die Stimme erneut.

Verängstigt kauerte ich mich in mein Laubwerk, hoffend, nicht gesehen zu werden, und betend, dass er mit seinen Rufen nicht mein Volk alarmiert hatte.

Der rothaarige Mensch stand verloren da, mit unbekannten Stoffen bekleidet und Riemen aus Tierhäuten behängt. Ein Mensch aus der Außenwelt, eine Kreatur des Chaos, wie die Wächter sie nannten! Er war einer von ihnen ... Und ich hatte ihn vielleicht hergelockt.

Der Geruch des Menschen war stark, und mein Herz war schwer vor Angst. Was tun? Noch immer in meinem Versteck kauernd, konnte ich sein Gesicht erkennen, das irgendetwas jenseits von Tellendrach' zu suchen schien ...

Das blassblaue Licht, das meinen Wald einhüllte, und der Duft des Lebens, den Gräser und Moose verströmten und der vom Wind weitergetragen wurde, schienen ihm die Augen und Sinne zu verwirren.

Angestrengt versuchte ich, seinen Blick zu erhaschen ... Auch er hatte Angst.

Genau in diesem Moment begann der Mensch, meine Anwesenheit zu spüren. Hatte er es in der Luft gerochen? Allerdings hieß es ja, sie hätten einen sehr schwachen Geruchssinn ...

Ein leises Geräusch, ein Rascheln in den Blättern meines Hains war mit der Brise weggeweht worden und hatte ohne meine Absicht meinen Geruch zu ihm getragen. Vor lauter Anspannung war ich unfähig, mich zu rühren. Trotz meines Wagemuts fürchtete ich den Menschen und fragte mich, ob ihm weitere aus der Außenwelt folgen würden ...

“Ich weiß, dass du da bist, du hast nichts vor mir zu befürchten ...”

Ich zitterte am ganzen Körper. Die Stimme des Eindringlings klang erstaunlicherweise angenehm. Sie war tief und schallend. Ich fühlte sie in meinem Bauch. Es war, als würde mich eine kleine Flamme von innen verbrennen, aber ich wusste nichts mit dieser neuen Wahrnehmung anzufangen. Es war ein unbekanntes Gefühl, das ich nicht einordnen konnte. Heimliche Freude stieg in mir auf ...

Auch wenn die Sprache der Metallwelt mir fremd, zu langsam und zu zögerlich für meine Schwingung war, verstand ich sie telepathisch in glasklaren Bildern.

“Ich bin gekommen als Antwort auf ... deine Traurigkeit und getreu dem alten Pakt”, fuhr der Fremde fort. “Was willst du von mir?”

Durch seine Aussage neugierig geworden, nahm ich allen Mut zusammen, trat langsam aus meinem Versteck hervor und ging auf ihn zu, während mir das Herz bis zum Hals schlug und in tausend Stücke zerbarst.

Mein Haar sollte mich mit schützendem Funkeln umgeben. Ich wollte, dass es einer Rüstung glich, um meine ängstlichen Augen zu verbergen, die schon viel zu sehr von dem Gesagten erfüllt waren. Von welchem Pakt sprach er?

“Mensch ... Ich wiederum frage dich, wer du bist und was du von mir willst! Du bist in meiner Welt und bist hier nicht willkommen. Was suchst du hier?”

“Dich ... die Frau aus dem Hochwald.”

“Mich? Wie kannst du es wagen? Ich bin keine Frau aus dem Hochwald, ich bin eine Luftelfe, und man nennt mich Gwenedys aus dem Land Tellendrach’. Die Schwere deiner Sprache und die Gerüche, die dir folgen, sind meiner Welt fremd ... Und du, wie ist dein Name?”

Der Mensch mit dem roten Haar hatte sich mir genähert, und wieder stieg ein starker Geruch von ihm auf. Fast hätte er mich in die Flucht getrieben ... Unter den buschigen Brauen hatte der Mensch grüne Augen, und über seine rechte Wange verlief eine große Narbe. Sein Gesicht schien von Haar bedeckt.

Nach allem, was ich über die Menschen wusste, musste dieser in der Eisenwelt etwa zwanzig Jahre zählen. Er schien ein Ungestüm zu haben, das uns fremd war, denn er musterte mich mit neugieriger Leidenschaft, den Blick von einem Feuer beseelt, das ich nicht kannte.

“Ich bin Baldrinn aus Galda. Wie du habe ich den *Feenkreis* beobachtet. Ich bin oft dorthin gegangen und habe dich schließlich in meinem Wald überrascht. Ich habe dich dort gesehen, Frau aus dem Hochwald. Hochwald ist der Name meines Landes.

Seit den letzten großen Beben, das weiß jeder, scheint eure Welt sich unserer Welt anzunähern ... Ich fühlte mich gerufen."

"Wie konntest du durch das Große Tor gelangen und von welchem alten Pakt sprichst du? Erkläre dich!"

Noch immer sah der Mensch mit dem roten Haar mich unentwegt mit seinen zugleich smaragdgrünen und bernsteinfarbenen Augen an ... Er hatte Angst, das war offensichtlich, aber er versuchte, es vor mir zu verbergen.

Mein Herz schlug mir noch immer bis zum Hals, denn ich fürchtete, in der Nähe des Eindringlings entdeckt zu werden.

Ich zögerte ... aber dann widersetzte ich mich meiner Angst und vertraute nur noch der kleinen Flamme, die immer stärker in mir brannte. Vorsichtig näherte ich mich dem Mann weiter, um besseren Blickkontakt zu ihm zu erhalten und damit wir unsere Gedanken vielleicht eingehender austauschen konnten.

"Erzähle mir, was dich hierhergeführt hat. Du weißt, dass das hier nicht deine Welt ist und du nicht hierher eingeladen wurdest. Der Rat hat uns gewarnt ... Ich sehe, dass er nicht Unrecht hatte.

Wisse, dass die Menschen, die in der Vergangenheit in unser Land Tellendrach' kamen, stets Unordnung und Chaos säten. Jedenfalls haben unsere Alten uns das versichert.

Wenn sie dich ausfindig machen, werden unsere Wächter dich jagen. Du wurdest gewarnt ... "

"Lass mich dir meine Geschichte erzählen", antwortete der Mann in weicherem Tonfall. "Ich sage es nochmals, du hast, ihr habt nichts vor mir zu befürchten.

Ich bin durch ein magisches Ritual zweier Priesterinnen und eines alten Druiden durch den *Feenkreis* gelangt. Genau wie du hatten wir den Durchgang beobachtet, und wir wussten, dass deine Welt versuchte, ihn vor unserer zu verbergen, um sich selbst zu verbergen. Und dann hatte ich vor allem dich in meinem Land entdeckt ..."

"Du hast vor allem mich gesehen?"

"Ja."

"Wie ... sahst du mich?"

"Ich sah dich, schöne Frau, als die Schönste, die es für das Herz eines Menschen wie mich geben kann. Seitdem warst du immer in meinen Gedanken und Träumen, denn ich glaube an das Schicksal, das unseren Weg vorzeichnet.

Du durchquertest die 'Lichtung der Gipfel' des Hochwalds in einem Kleid von einem so zarten Grün ... wie die ersten Frühlingsknospen.

Du warst nur wenige Schritte vor mir, flüchtig und unbeschreiblich hell. Ich weiß noch immer nicht, wie ich diese Helligkeit beschreiben soll.

Aber ich sah auch Traurigkeit ... Du glichst einer durchsichtigen, empfindlichen Lilie mit deiner blassen, spiegelglatten

Haut, als würde sie vom Mond beschienen. Ich fragte mich, warum du dort saßt, aufrecht und hochgewachsen, süß und verträumt ... Dann legtest du dich im Farn nieder.

Meine Brust zersprang und mein Herz rief: 'Frau aus dem Hochwald, Frau aus dem Hochwald! Warum bist du so traurig?'

Beim Klang meiner Stimme standst du auf, wie du weißt, und flohst zurück durch den *'Feenkreis'*.

Ich wusste nicht, ob du menschlich warst oder vielleicht nur ein Traum ... Aber mein Herz wollte dich sehnlichst wiedersehen. Dieser Ruf war so mächtig, dass keiner meiner Freunde im Hochwald mich aufhalten konnte.

Ich ließ ein paar Wochen verstreichen, dann tat ich, ohne weiter zu überlegen, einen großen Schritt hindurch ... durch den Kreis aus leuchtendem, wirbelndem Gras, in dem ich dich hatte verschwinden sehen.

Es war wie eine Verzweiflungstat, aber ich wurde von einer Macht getrieben, die ich nicht kannte. Ich wusste, dass ich hindurch musste. Was auch geschehen würde, ich konnte nicht mehr weiterleben, ohne die Frau aus dem Hochwald wiederzusehen. Hattest du mich verzaubert?

Es war eine süße Inbesitznahme ... eine verrückte Hoffnung, wie ein Traum, den ich mit meiner Seele berühren wollte ... Verstehst du?"

Ich musste mich mit aller Kraft zusammenreißen, durfte auf keinen Fall erkennen lassen, wie berührt ich war.

"Ein Ruf, sagst du? Und außerdem sprichst du von einem alten Pakt. Um was für eine Übereinkunft handelt es sich da?

Noch nie gab es irgendeinen Pakt zwischen einer Elfen- und Menschenseele."

"Ich weiß nicht, wie ich es erklären soll ... Ich glaube, ich wurde durch die Große Göttin Dana[5] und den Gott Esus[6] an diesen Pakt erinnert. Ich gehöre Danas Volk der Tuatha an und bin Anführer der Tuatha-Sippe."

"Götter ... ? Was meinst du mit Göttern? Wir Elfen kennen diese merkwürdige Vorstellung nicht, wissen allerdings, dass sie den Menschen viel bedeutet. Wir ehren die Lichtvollen ... Wie sollten deine Götter mit unseren Lichtvollen einen Pakt für dich und unsere Völker schließen? Du willst Verwirrung stiften! Diese Welt ist klar und geordnet ... Du vermengst alles miteinander!

Du sagst, du seist mir gefolgt, als wolltest du mich haben, als könntest du mich für dich allein erbeuten, und kurz darauf redest du von einem Pakt und deinen Göttern, die in meinen Augen nichts bedeuten. Auch sagst du, du seist ein Anführer. So nennst du dich, mit all deinen Seelenspiegelungen, die halb Schatten, halb Licht sind?"

"Nicht so schnell ...", antwortete der Mann. "Denk nicht so schnell! Du sendest mir Bilder, die wie lange Sätze für mich sind und hart auf mich einprasseln. Ich wollte nur von der Liebe sprechen, die du in mir geweckt hast ..."

---

5) Diese Göttin der keltischen Kultur ist die Mutter aller Götter und Menschen. Sie verkörpert das weibliche Prinzip.

6) Esus ist ein Gott, der in seinen profunden Eigenschaften und Attributen fast undefinierbar ist. Dennoch verkörpert er das Göttliche in seiner Gesamtheit und wird mit der Symbolik der Erde in Verbindung gebracht.

"Was sagst du da? Was für eine Liebe soll das sein?"

Ich empfing das Bild einer Inbesitznahme gleich einem Spinnennetz. Der Mann schien von einer Art Sonne in seinem Inneren zu sprechen, aber so etwas gab es bei uns Elfen nicht. Wollte er über das Gefühl der Vereinigung sprechen, das in unserer Welt zwischen einander anziehenden Farben oder Düften entstand und worauf wir nur wenig Einfluss hatten?

Wieder fühlte ich mich durch den Geruch belästigt, den dieser "Baldrinn" verbreitete. Vielleicht roch er deshalb nicht gut, weil er lügen und täuschen konnte?

Ich fragte mich, ob sein Zustand ansteckend war und dieser Mann mich allein durch die Unfähigkeit, mich zu verstehen, verderben oder zur Schwindelei anstiften würde.

Trotzdem würde ich weder ändern, was ich ihm zu sagen hatte, noch jemals wie er die Luft verpestet!

"Du liebst mich nicht ... Ich sehe es in deinen Augen. Dann sag mir, wie komme ich wieder zurück ..."

"Dich lieben? Was genau bedeutet das denn für dich? Ich kenne dich nicht und bin nicht menschlich! Geh dorthin, woher du gekommen bist ... und zwar genauso, wie du mir gefolgt bist ... Geh fort!"

Den Rücken gebeugt vom Stakkato meiner auf ihn einprasselnden Seelenbilder und sichtlich überwältigt von einem Kummer, den ich nicht nachvollziehen konnte, wandte der Mann mit dem roten Haar sich schließlich wieder dem Tor zu.

"Aber ... Ich kann die Stelle nicht mehr sehen!"

Ich versenkte den Blick in die blauen Tiefen meines Waldes, ließ die Augen durch meine Bäume schweifen. Der Mann hatte recht. Wo war die Schleuse?

Waren hier etwa die Monde der vierten Welt der Gnome am Werk? Es war sehr lange her, dass dies zuletzt geschehen war ... Und es war die einzige Erklärung.

Ich bekam Angst, denn ich begriff, dass ich keine Kontrolle mehr darüber hatte, was gerade in Gang gekommen war. In früheren Zeiten waren wir Elfen oft mit diesem Phänomen konfrontiert worden, gegen das wir nichts ausrichten konnten.

Die Ätherwesen aus den Tiefen der Erde, die Gnome, hatten schon immer ein sonderbares Privileg genossen: Sie konnten mit den Lichtströmungen spielen, die wir "innere Wege" nennen.

Wir sprachen von diesen Lebensströmungen auch als kristalline Flüsse, deren Verlauf die Gnome, so sagten sie, auf Verlangen der Lichtvollen veränderten.[7]

Wenn zwei dieser Flüsse sich kreuzen, erscheinen Schleusen zwischen der Welt der Mitte und der Außenwelt. Wenn diese Kreuzungen aber nicht mehr am selben Ort stattfinden, geraten alle Tore in Bewegung, und dann sagen wir, dass die Monde der "vierten Welt" daran schuld sind.

---

7) Hier ist anzumerken, dass die kristallinen (oder steinigen) Flüsse den sogenannten "Nadis" oder "Meridianen" der Erde entsprechen. Sie verlaufen unter den Kraftlinien, die sich durch den Planeten ziehen, und ändern zeitweise meist geringfügig ihre Lage.

Für die Elfen war es schon immer schwierig, den Rhythmus und die genaue Ursache dessen zu verstehen.

Regelrechtes Chaos stieg in mir auf ... Was sollte ich tun? War das das Endergebnis meiner hehren Rebellionsabsichten? Würde ich fortan nur noch in Angst leben, mich verstecken und verfolgt werden?

Erdwinn hatte mich gewarnt, meine Schwestern ebenfalls. Warum hatten sie mich nicht eindringlicher an die Großartigkeit unserer Elfengemeinschaft erinnert, an unser allumfassendes, gemeinschaftliches, Zuversicht gebendes Denken, den Kitt einer Gesellschaft, die zwar kaum Individualität zuließ, uns aber ein harmonisches Zusammenleben ohne Zank und Streit ermöglichte? Warum?

Vielleicht war es künstlich, weil es erzwungen war, aber es war ein süßes Glück!

Unsere Gesellschaft mochte ihre Fallstricke haben und in unsere Bewusstseinsentwicklung bremsen, aber das war immer noch besser als meine wahnwitzige Idee, die Kreaturen der Metallwelt kennenzulernen und mir damit eine Last aufzubürden, die nur Verwirrung und Zweifel in meiner Seele säen würde.

Hatten die Lichtvollen mich bemerkt? Mit Sicherheit, da die Gnome das Tor zur Metallwelt umgekehrt hatten. Hilflos und wie versteinert wusste ich nicht, wo ich dem Eindringling jetzt Unterschlupf gewähren sollte, nachdem das Tor verschwunden war. Aber ich musste ihn unbedingt verstecken, er durfte auf keinen Fall gewittert werden ...

In der Ferne, nördlich meiner Haine, sah ich den Kreis der Großen Eichen von Tellendrach' ... Dort entsprang aus einem

Fels eine kleine Quelle, die einen kristallklaren Teich zu seinen Füßen hatte entstehen lassen.

Von flaumigem Moos und Flechten bedeckte Steine lugten daraus hervor. Ein Bächlein floss von dort verzagt nach Norden. Es war ein schöner, geheimer Ort! Die Wächter verirrten sich in der grünen Jahreszeit niemals dorthin, denn sie hatten dann anderes zu tun ...

Der Mann beobachtete mich schweigend, und ich spürte wachsende Unruhe in ihm.

“Ich möchte in meine Welt zurück ... Die Druiden warten gewiss schon auf mich.”

Ich wusste nicht, was ich ihm antworten sollte. Ich muss genauso verloren ausgesehen haben wie er, unfähig, ihm zu sagen, was er tun sollte, und verängstigt bei der Vorstellung, vom “Spinnennetz seiner Seele” eingefangen zu werden.

“Geh fort!”, sagte ich nochmals.

Aber noch als ich das sagte, spürte ich, wie ich an Licht verlor. Wir waren von Natur aus keine ängstlichen Wesen und kannten keine Dualität; unsere Aufgabe war es, Harmonie zu schaffen. Verwirrung gab es bei uns nicht. Woher kamen dann diese fast panischen Angstgefühle? War ich gerade dabei zu vermenschlichen?

Das war es wohl ... Ich saß in der Falle! Meine Neugier hatte mich hineingelockt! Würde der unstillbare Wunsch nach Bewusstseinserweiterung mir zum Gefängnis werden? Weil ich meinem Forscherdrang nachgegeben hatte, würde ich vielleicht schon bald zwischen zwei Welten geraten ... und ein bisschen Mensch, aber noch immer Elfe sein.

Eine Welle der Verzweiflung überkam meine Seele. Ich musste leichenblass aussehen.

“Frau aus dem Hochwald ...”, flüsterte der Mann.

“Ich bin Gwenedys! Ich bin keine Frau deiner Erde, und du bist nicht mein Herr oder was auch immer! Ich glaube nicht an Dana! Du bist in meine Welt gekommen, aber es gibt kein Tor mehr, durch das du in deine Außenwelt zurück könntest. Verstehst du das nicht? Man wird dich bald hier entdecken, und ich werde die Schande meines Volkes sein. Der Rat wird mich verstoßen, weil ich ungehorsam war.”

“Wir brauchen etwas Zeit zum Nachdenken ... Zeig mir einfach, wo ich mich verstecken kann, bis ich den *Feenkreis* gefunden habe. Wann wird es Nacht sein?”

“Nacht? Was meinst du damit? Ich erahne es in deinen Gedanken, aber ich kenn keine Nacht. Es gibt hier nur unterschiedliche Helligkeiten, die uns den Übergang von einem Moment zum nächsten anzeigen.”

“Nun, wann schläfst du denn? Oder musst du niemals schlafen?”

“Was geht dich das an? Wisse, dass wir Pausen an Orten einlegen, die wir als Wohnstätte gewählt haben. Sie bestehen aus einem hellen Schein, der uns ähnlich sieht. Meine ist da drüben in einem blauen Laubbaum. Aber warum erzähle ich dir das überhaupt?”

“Sag mir einfach nur, wohin ich gehen muss.”

“Komm”, antwortete ich und fragte mich gleichzeitig, ob ich nicht schon jetzt viel zu viel gesagt hatte. “Ich führe dich zu einem Unterschlupf ... da drüben, wo der Kreis der Großen Eichen ist. Dort findest du Wasser und Flechten. Du kannst dort schlafen, da du ja dieses Bedürfnis hast, etwas trinken und Wurzeln zu dir nehmen. Die Wächter des Rates gehen in der smaragdgrünen Jahreszeit nicht dorthin."

Baldrinn blickte in die Richtung, die ich ihm wies. Über den Baumkronen war der höchste Punkt des Großen Kreises zu erkennen.

"Aber ... es sind sicher zwei Tagesmärsche bis dorthin!"

"Deine irdischen Tage gibt es hier nicht. Sie haben hier nichts zu bedeuten. Du hast meine Welt betreten und beginnst bereits auf einer anderen Frequenz zu 'knistern'. Du veränderst dich; vielleicht bemerkst du es ja nicht, aber ich sehe es ... Auch du bist in der Falle, aber wenn dein Geruch dadurch gemindert wird, hat das auch etwas Gutes!"

Konnte ich dem Mann mit dem roten Haar vertrauen? Mir, die Freiheit gesucht hatte, blieb keine Wahl.

"Folge mir. Vereine deine Gedanken mit meinen und hör auf, dir Fragen zu stellen und zu zweifeln, dann brauchst du den Boden nicht zu betreten. Hier sind keine Wege, wie du dir sie vorstellst, und Entfernungen gibt es nicht. Wir werden schnell am Großen Kreis sein, dort kannst du dich am Ufer des Bächleins auf dem Moos ausruhen. Danach werde ich deine Anwesenheit und deinen Geruch mit bernsteinfarbenem Dunst vernebeln."

"Also wirst du mich allein lassen ... Wohin wirst du gehen? Ich kenne hier nur dich ..."

Ich werde mein Laubwerk aufsuchen ... Aber ich werde wiederkommen. Willst du etwa, dass meine Abwesenheit meinen Schwestern und den Meinen auffällt ... und Erdwinn? Er wird mich bereits suchen, denn er kennt mich besser als ich mich selbst."

"Erdwinn ... ?"

"Erdwinn ist mein Gefährte. Ich liebe seinen Duft und das Strahlen seiner Seele. Wir sind miteinander vereint."

4

Zwischen Chaos und Licht

Wenn ich mein Gedächtnis erforsche, sehe ich, dass ich nicht im Geringsten so stark war, wie ich erscheinen wollte. Aber was konnte ich noch tun? Ich war zu weit gegangen und hatte etwas in Gang gesetzt, das weder der Mann noch ich kontrollieren konnten.

Wir Elfen teilten dasselbe Schicksal. Wenn wir bewusst gegen das Gesetz verstießen, das uns den Takt vorgab, dann ...

Mir war noch nicht einmal klar, was das eigentlich bedeutete. War es Verrat? Zumindest gefährliche Abtrünnigkeit, wie meine Schwester Gwandenn sich empört hatte.

Mein Herz zog sich zusammen, als ich mich an ihren zornigen Blick erinnerte. Ich wollte die Meinen weder verraten noch belügen. Ich wollte mich einfach nur öffnen und etwas anderes kennenlernen als die Eintönigkeit unserer Welt und ihre etablierte Ordnung. Meine Seele musste so sehr etwas anderes atmen!

Wie auch immer, zurück konnte ich nicht mehr.

Ich nahm alle Kräfte zusammen und holte den Mann in mein Seelenlicht, meine Aura. Ich ließ ihn ins Herz meiner

Sphäre, völlig ahnungslos, welche Folgen dieses Abenteuer haben konnte. Wenn man ein anderes Wesen in sein Licht einlädt ... wer weiß schon, was dann passieren kann?

Ich tat einen weiteren Schritt auf ihn zu, dann fixierte ich ihn zwischen den Augen, um eine Brücke zwischen uns zu schlagen.

Ich stellte fest, dass Baldrinn sein eigenes Seelenstrahlen hatte, dass auch er sich öffnen und Maschen beiseiteschieben konnte, die ihn wie eine Rüstung umgaben, und dass dieses Strahlen so hässlich oder glanzlos gar nicht war ... Nein, weder hässlich noch glanzlos!

War ich die Erste, die so kühn und leichtfertig handelte? Für mein Volk stand fest, dass es in der Außenwelt und ihren Menschen weder Licht noch eine Seele gab, die diesen Namen verdiente.

Aber die bloße Annäherung an eine dieser "Eisenkreaturen", um ihr zu helfen, aber auch, um mich zu schützen, oder um ... ich wusste es nicht genau, brachte mich zu dem Schluss, dass es noch eine andere Sichtweise geben konnte als unsere.

Aber warum hatte uns der Rat einen Teil der Wahrheit über die Kreaturen der Metallwelt verschwiegen? Warum leugnete er, dass sie eine Seele hatten? Denn eines sah ich jetzt: Der Mensch Baldrinn hatte eine Seele, und sie war mir sogar fast angenehm!

"Was machst du bloß mit mir ... ?"

Der Mann hatte meine Verwirrung bemerkt. Ich hatte eine Hand zu seinem Gesicht ausgestreckt und erriet, dass er hoffte, dasselbe tun zu können. “Nein, berühre mich nicht! Ich habe nur in deiner Seele gelesen, mehr kann ich dir nicht sagen ... Ich kann es nicht!”

Ich hüllte Baldrinn ganz in meine Aura und mühte mich, nichts zu denken, nicht in seine Empfindungen einzutauchen ...

Er widersetzte sich mir nicht und war wie erstarrt und reglos vor dem Unbekannten. Ich brauchte dafür nur die Zeit eines Schlucks Blumenduft.[8]

Nur einen Augenblick später hatte ich ihn mitten im Kreis der Großen Eichen abgesetzt. Er war wie benommen, und mehr als “Ich werde wiederkommen” konnte ich ihm beim besten Willen nicht sagen. Ich hatte bereits jetzt viel zu viel getan und merkte genau, wie sehr ich schon ins Ungleichgewicht geraten und zur Gefangenen meiner eigenen Freiheitsanwandlungen geworden war ...

Ich überließ Baldrinn dem Schlaf, der ihn sicher bald überkommen würde, und staunte, wie abgrundtief ich mich plötzlich davor fürchtete, in den Wald von Gwerlatanann”[9] zurückzukehren.

Ich wusste, dass die Meinen mich dort erwarteten und mir Fragen zu meinem Verbleib stellen würden. Ich fürchtete diesen Moment ...

Wie sollte ich meine neuen Wahrnehmungen und Empfindungen vor ihnen verbergen, von denen ich selbst ja noch gar nicht wusste, was sie zu bedeuten hatten?

8) Dieses Bild versucht, eine Art Maßeinheit des Elfenäthers zu übersetzen.

9) Ein Wald im Land Tellendrach’.

Haftete mir jetzt ein Geruch von Schuld an? War ich zu einer Rebellin geworden, zur Verräterin meines eigenen Volkes? Aber hatte Rebellion überhaupt einen Geruch?

Ich schaffte es nicht, die Bilder meiner Befürchtungen zu verdrängen und mich innerlich zum Schweigen zu bringen. Dabei musste ich unbedingt mit meinen Grübeleien aufhören, denn viel länger würde ich dem Fluss meiner Gedanken nicht mehr Einhalt bieten können.

Meine Gedanken würden alle den Weg zu den Meinen finden ... wenn es nicht sogar bereits geschehen war!

Erdwinn war immer auf der Lauer, wenn er mich "anderswo" wusste, und sein Bruder Astalann war sogar noch schlimmer. Er hatte nie gutgeheißen, dass ich ihm Erdwinn vorgezogen hatte ...

Wider Willen wurde er von stummer Eifersucht geplagt, die sogar manchmal seine Seelenfarbe gefährlich trübte. Aber ich konnte daran nichts ändern!

Im Nu war mein blaublättriger Wald wieder da, über ihm prangte das safrangelb gefärbte Himmelsgewölbe. Alles schien so friedlich und vollkommen! Wie hatte ich bloß so an meiner Welt zweifeln können? Ich musste wirklich irgendeine sonderbare Krankheit haben. War sie vielleicht durch die bloße Erwähnung des alten Paktes ausgelöst worden, von dem der Mensch gesprochen hatte?

Zwiespältige Gefühle stiegen in mir auf ... Ich war schon nicht mehr so wie die Meinen.

Baldrinn ... Sein smaragdgrüner Blick ließ mich nicht mehr los, und ich fühlte eine sanfte Wärme, die mich ins

Wanken brachte. Der Mann mit dem roten Haar hatte "etwas" in meinem Herzen entfacht, und die Flamme dieses "Etwas" verzehrte mich jeden Augenblick mehr.

Niemand durfte meine Verwirrung bemerken. Sollte ich mein Volk also anlügen? Wie sollte das gehen? Ich konnte nicht lügen! Und meine Freunde ... Ich liebte sie doch!

Wie gewohnt ließ ich mich zwischen die weißen Blütentrauben gleiten, die den Eingang meines Hains bildeten, und versuchte, mich mit dem Duft friedlicher Gelassenheit zu umgeben, die mir schon wie aus längst vergangenen Zeiten erschien.

Ich verschweige nicht, dass mein Herz mir schmerzte, denn mir gefiel die Rolle nicht, die ich da begann zu spielen. Aber was blieb mir anderes übrig, wenn ich nicht das Leben des Mannes gefährden wollte? Nach allem, was ich gehört hatte, kannte die Eisenwelt einen sonderbaren Zustand, den man "Wahnsinn" nannte. Stand ich etwa kurz davor?

Nur ich konnte Baldrinn helfen. Ich hoffte, alles würde unentdeckt bleiben, bis ein anderer Ausgang, ein anderes Tor nach draußen gefunden war.

Hoffte? Zum ersten Mal keimte wirkliche Hoffnung in mir auf ... Ich hoffte etwas! Aber wohin würde mich das führen? Gab es Hoffnung auf Verständigung zwischen dem Volk der Elfen und der Menschen?

Wir waren das genaue Gegenteil ihrer Ordnung, Gesetze, Götterverehrung und Kriegsversessenheit ...

Ar Danesill', der Älteste unseres Hohen Elfenrates, hatte uns schon zum hundertsten Mal eindringlich vor Chaos und Unruhen gewarnt! Seit den letzten großen Umwälzungen lieferten sich die Kreaturen der Erde mehr als je zuvor blutige Schlachten, die von Angst und Überheblichkeit getrieben waren.

Es ging ihnen nur noch ums Überleben, egal zu welchem Preis! Ihre Welt, hatte er uns gesagt, war eine Welt des Schattens, die nichts als Bestialität, Gewalt und Verlogenheit kannte. Von den Menschen konnte einfach nichts Gutes ausgehen!

Belog Ar Danesill' uns? Konnte er das, ohne dass man es merkte? Wollte er uns so formen, dass unsere Seelen sich niemals individualisierten? Hatte er die Aufgabe, uns daran zu hindern, Freiheit zu empfinden?

Wir Wesen des Luftäthers hatten stets ununterbrochen an unserer Gemeinschaft gearbeitet, ohne je etwas infrage zu stellen oder in Zweifel zu ziehen oder es überhaupt zu wagen!

Der blinde Glaube an den Hohen Rat, der behauptete, auf Betreiben der Lichtvollen zu handeln und zu gebieten, war für mich kein Glaube, sondern bedeutete, niemals nachzudenken und das Denken überhaupt abzulehnen.

Gehorsam, ohne Fragen zu stellen, selbst etwas zu entscheiden oder zu wollen ... War das die unserem Bewusstsein versprochene Weiterentwicklung, oder war es eine unausgesprochene Verpflichtung, die in ewigem Schlaf und Gefangenschaft mündete? Was war so schlecht am Wunsch nach Selbstbestimmung? Würde ich unwiderruflich einen Keil in das Denken der Elfen treiben?

Wenn man Ar Danesill' glaubte, dann war für die Wesen des Äthers seit jeher Stillstand vorgesehen. Jede Aussicht auf "Entwicklung" war tabu.

Aber als Elfe fragte ich mich auch, was denn überhaupt ein Entwicklungsideal sein mochte ... Oder entwickelte ich mich vielleicht sogar zurück, seit ich mich diesem Baldrinn mit dem roten Haar angenähert hatte?

Was für ein Durcheinander!

Baldrinns Augen, seine Seele ... Ich hatte Schönes und auch Liebevolles darin gesehen! Irgendetwas wuchs in meinem Herzen, und wie diese “Sache” auch hieß, ich hatte keine Kontrolle darüber.

Ich schrak hoch, als plötzlich Erdwinn hinter mir erschien und mich fast gewaltsam aus meinen Gedanken riss.

“Da bist du ja endlich, Gwenedys!”

“Du stellst mir nach, Erdwinn?”

“Wir fragten uns, wohin du gegangen warst, also schickte mich dein Vater Tiphrad, dich ausfindig zu machen. Wir verstehen dich nicht mehr. Deine Seelenbilder werden immer unverständlicher. Gerüchte machen die Runde, viele empfangen nur noch Fragen über Fragen von dir. Wir machen uns Sorgen, weil du uns meidest!”

Hinter ihm beobachte Astalann mich mit zusammengekniffenem Mund. Vor seinem Bruder hielt er seine grimmigen Gedanken im Zaum, aber ich sah die Farben seines Zorns. Sie waren unserer Welt unwürdig.

“Ich meide euch nicht! Ich möchte in dieser Jahreszeit allein sein. Weder dir, Erdwinn, noch meinen Schwestern habe ich meine Gedanken verheimlicht, das weißt du genau.

Ich habe dir auch nichts von meinen Sorgen und Zweifeln verborgen.

Aber ich würde lieber allein mit dir darüber sprechen und nicht, wenn Astalann dabei ist. Ich bin enttäuscht, wie du mich überwachst. Warum dieses Verhalten? Es ist in unserer Welt doch fast unbekannt!"

"Ich fühle und verstehe dich, Gwenedys, und leide daran. Ich nehme eisengeprägte Gedanken und Regungen in dir wahr, du riechst stark danach. Das Herz wird mir schwer ..."

"Erdwinn, du lässt dich vom Gerede in die Irre führen. Und komm mir bloß nicht damit, dass ich schlecht rieche! Allein deine düsteren Gedanken verpesten die Luft, sonst nichts. Ich bin immer noch dieselbe und nähre mich vom Ätherduft unserer Welt!"

Erdwinn schüttelte traurig den Kopf und hielt sein Licht vor mir zurück, als er sagte:

"Sieh doch ... Die rote Jahreszeit naht mit großen Schritten, und du bist nie mehr bei mir ... Du sonderst dich ab, so viel ist klar, und sprichst nicht mehr so wie früher.

Viele deiner Lieben machen sich Gedanken, ich sage es dir nochmals. Bald kommt die Zeit der Großen Erweckungen.[10] Alle von uns werden zum Fest der Pflanzendüfte zusammenkommen. Ich hoffe, du wirst da sein. Du wirst dort erwartet!"

---

10) Die Frühlings-Tagundnachtgleiche in der physikalischen Welt wird in der Elfenwelt stark wahrgenommen und dort mit Festlichkeiten und dem Verzehr pflanzlicher Essenzen begangen.

“Lass mich! Ich brauche Ruhe und deine Vorwürfe schon einmal gar nicht.”

“Was ich in dir lese, stimmt mich traurig, mein Opal. Ich lese Angst und Furcht wie eine Mauer, die du rasend schnell zwischen uns errichtest. Wir waren uns so nah ... Was ist mit dir geschehen?

Da du mich bittest zu gehen, lasse ich dich in Ruhe, aber sei dir gewiss, dass deine Schwestern schon bald hier eintreffen werden. Dafür kann ich nichts.”

Erdwinns letzte Worte versetzten mir einen Stich ins Herz. Mir ging es schlecht, seinetwegen und auch wegen meines Verhaltens. Es war ein heimtückischer Schmerz, der ganz neu für meine Seele war und sich unmerklich in mir festgesetzt hatte.

Ja, ich hatte gelogen. Es war eine überraschende Erfahrung. Ich hatte gelogen, obwohl ich noch gar nicht genau wusste, was das bedeutete und wie sehr es meiner Natur widersprach. Mein ganzes Wesen fühlte sich so schwer an!

Meine innere Welt geriet ins Wanken, und ich nahm den hinterlistigen Geruch von Misstrauen wahr. Von jetzt an würde nichts mehr so sein wie vorher ... Ich war allein, und dieses unabwendbare Alleinsein machte mir Angst!

Im Wald von Gwerlatanann’ ließ ich mich hierhin und dorthin treiben, während ich den sich rot färbenden Himmel betrachtete. Sogar in den Tiefen meines Blattwerks fühlte ich mich belauscht und wollte nur noch Abstand zwischen mich und meine Überwacher bringen.

Mit tränennassen Augen und den Kopf voller quälender Zweifel, fragte ich mich, ob mein Körper wirklich so stark nach der Eisenwelt roch, wie Erdwinn vorwurfsvoll behauptet hatte, oder ob er das nur so dahingesagt hatte, um mir wehzutun.

Konnte man hier etwa auch "wehtun" denken? Oder brachte ich nun alles durcheinander?

Ein lauter Schmerzensschrei drang aus den Tiefen meiner Seele, aus dem Raum, in den ich mich mit meinem verheißungsvollen Wunsch "nach etwas anderem" selbst eingesperrt hatte.

Hatte ich mich so sehr geirrt? Ohne die Düfte des Äthers würde meine Seele sterben! Schon jetzt war ich kurzatmig und fehlte mir Lebenskraft. Ich schwankte und bog mich beim geringsten Lufthauch wie Schilfrohr.

Eine Stimme ertönte ... Die Stimme war überall, in mir und um mich herum. Sie erschallte tausendfach! Wenige Schritte entfernt zeichneten Myriaden goldener Sterne die Umrisse einer großen, weißglühenden Gestalt.

Ja ... Die Stimme kam von dieser Präsenz und sprach mich an.

Es musste sich um einen Lichtvollen handeln. Was sollte es sonst sein? Ich war völlig geblendet von seiner unerwarteten Schönheit, aber auch wie erstarrt, weil mich Schuldgefühle quälten ... oder das, was ich dafür hielt.

Die Präsenz kam auf mich zu, während helle Lichtstrahlen aus ihrer Brust traten. Sie hüllten mich in eine große, weiße Sphäre, und ich fühlte mich so wohl in ihrer Liebe, dass ich mich gern darin verloren hätte, um ein sanftes, friedliches Ende zu finden. *Mein* Ende ... vielleicht.

Also hatte ein Lichtvoller meine Not gehört ... Es war das erste Mal, dass ich in Kontakt mit einem von ihnen kam. Er hatte meinen Zwiespalt erkannt und verstanden, wie groß meine Not war!

Vielleicht hatte der Mensch ja die Wahrheit gesagt, als er den alten Pakt mit Dana erwähnte. Ein Ruf war ertönt, auch wenn ich nicht genau wusste, was er zu bedeuten hatte.

Eine sanfte Brise strich über mein Gesicht, und die Präsenz blies mir in den Mund. Ich sank auf die Knie und hielt mich am Astwerk fest, um nicht hinzufallen, so ergriffen war ich.

Die Stimme erhob sich wieder:

"Gwenedys ... Hör mir zu! Es belastet dich, dass du eine Seele aus der Eisenwelt in dein Volk aufnahmst. Aber wofür fühlst du dich schuldig? Dafür, dass du lernst zu helfen und zu lieben? Die dichte Materie mit all ihrer Trägheit und ihren Täuschungen anzuerkennen, ist eine gewaltige Herausforderung für eine Luftelfe, aber warum sie nicht annehmen?

Du wolltest lernen, was der freie Wille ist, da er Träger des Lichtes ist. Warum also wegen etwas weinen, das du selbst gewählt hast?

Diese Wahl und der freie Wille, merke es dir gut, sind unbegrenzt, wenn sie mit Lebensintelligenz und Weisheit einhergehen. Sie regulieren sich selbst, wenn sie Verschiedenheit respektieren. Lerne, dich auszudehnen und innerlich ein Bild aufblühender Liebe zu zeichnen.

Was du fühlst, ist die 'Sehnsucht nach der Sonne'. Das ist es doch, was in deinem ganzen Wesen vibriert, dieser Durst nach der Sonne?

Deine Seele dürstet es. Also gib ihr, was sie verlangt. Unterdrücke deine Impulse nicht! In dir erblüht eine neuer Atem, um das schöne Bedürfnis zu stillen, das du nicht mehr verheimlichen kannst.

Du glaubst, dass deine Welt in tausend Stücke zerspringt, aber lass dir gesagt sein: Es geschieht nur, um alles noch mehr zu lieben! Deine Rebellion ist etwas Ehrenwertes, denn sie trägt das Licht von etwas Größerem weiter.

Sie wird dich und die Deinen wachsen lassen. Du hast um diesen Atem gebeten, und ich habe dich gehört. Ich bin gekommen, es dir zu sagen, damit du aus diesem quälenden Zustand herausfindest.

Warte nicht länger ... Plage dich nicht länger!

Verlasse jetzt deinen Kokon, um zu einem anderen Verständnis zu gelangen, zur Selbstbestimmung deiner Seele. Aber segne vor allem diesen Augenblick, denn er zeigt dir *'Das, was den Reigen durchbricht'*.

Du bist stark und größer, als du glaubst. Vergiss nicht, dass jeder Weg des Wandels schmerzhaft, aber notwendig ist; er ist Segen und Schmerz zugleich. Verstehst du?"

Die Stimme verklang, und alles wurde still. Unversehens war der Lichtvolle verschwunden. Aber bei der Erinnerung an die Umarmung seines Lichtes wurden meine Sorgen nur noch größer.

Ich hatte das Gefühl, dass er mir zu wenig erklärt hatte, was ich tun sollte, und noch weniger, wie ich mit diesem neuen Atem umgehen sollte! Ich musste reagieren.

Ein Teil von mir war überglücklich: mein Herz, diese kleine Sphäre aus konzentriertem Licht, der wir Elfen uns viel zu wenig zuwandten. Aber ein anderer Teil litt nach wie vor: meine Gedanken, die ein Abgrund an Fragen waren.

Freiheit bestand im Hinterfragen, und ich musste davon kosten.

Plötzlich drang ein Geräusch zu mir und riss mich jäh aus meinem "Dämmerschlaf". Überall in der Helligkeit tauchten Wirbelwinde auf, die sich sanft gaben, mich aber drangsalierten. Sicher stellten meine Freunde mir nach. Erdwinn hatte es mir ja angekündigt, und es hatte geklungen wie eine Drohung.

Ich hörte sie alle, die misstrauischen Gedanken, und fühlte unergründliches Unbehagen in mir aufsteigen. Es drängte mich, schnellstmöglich zu Baldrinn zurückzukehren.

Um nachzusehen, was er tat? Ja, aber auch, sagte ich mir, um ihn zu überwachen ... Zu überwachen? Wirklich? Fühlte ich das wirklich, oder konnte es sein, dass mir seine fremdartige Gegenwart fehlte und er mich unwiderstehlich anzog?

Unmerklich wurde mir der Mann mit dem roten Haar zu einer Zuflucht ...

Meine Mutter Tindrell hatte mir einmal anvertraut, dass sie einst einen Menschen kannte, der in unsere Welt gekommen war, und sie sich von ihm angezogen fühlte ... woraufhin sie die Flucht ergriff. Doch all das hatte ich aus meinen Gedanken verbannt. Damals hatte ich nicht verstanden, was sie mir damit sagen wollte, aber jetzt ...

Sie hatte mich auch darauf hingewiesen, dass man sich vor der Anziehungskraft des Menschen stets hüten sollte, denn er war sehr hinterlistig in seiner verführerischen Art, uns anzublicken. Wir konnten darüber den Verstand verlieren und unsere Gesetze missachten.

Ach! Baldrinns Augen ... In ihnen schien Feuer zu lodern!

Nein, seine Augen hatten mich nicht angelogen, da war ich mir sicher. Menschen waren nicht so grausam, wie man es uns weismachen wollte. Auch sie konnten lieben.

War unbestimmtes, uneingestandenes Misstrauen vielleicht eine Elfenkrankheit?

War das, was ich gerade entdeckte, *Liebe?*

War es der Anfang von Versklavung oder der Schlüssel zu einem anderen Kontinent des Bewusstseins?

Der Lichtvolle hatte meinen Durst nach Rebellion "Träger des Lichtes" genannt und gesagt, er sei auch *"Das, was den Reigen durchbricht"*. War ich auf der Suche nach der Sonne?

War ich eine *"Elfe, die den Reigen durchbricht"*, und gar keine gefährliche Abtrünnige, die wider unsere Natur handelte, so wie mein Volk mich glauben machen wollte? Ich wollte es so, denn es war etwas Gutes, und nur so konnte ich den Ausgang aus meinem Labyrinth finden.

5

Verwandlungen

Durch den Zuspruch und die deutliche Botschaft des Lichtvollen fühlte ich mich nur noch mehr unter Druck gesetzt. Sie sollte mir Kraft und Zuversicht spenden, aber ich fühlte mich wie über einem leeren Abgrund.

Wie war das Herz einer Elfe beschaffen? Und ihr Bewusstsein? Ich hatte noch nie jemanden von uns solche Fragen stellen gehört. Wir existierten einfach, Punkt!

Nur stellte ich jetzt fest, dass das gar nicht stimmen konnte. Der Äther, den wir in uns absorbierten und der sich verdichtete, um aus uns zu machen, was wir waren, musste eine Art Samen in sich tragen, Sphären oder Räume, die keimfähig waren.

Warum saßen in Wirklichkeit einige von uns im Hohen Rat und andere nicht? Etwa durch die Gnade der Lichtvollen?

Nein, es musste etwas in ihnen gekeimt sein; vielleicht hatte sich ein anderer, forschender Bewusstseinsbereich in ihnen geöffnet.

Während in meinem stillen Waldwinkel Stürme in mir tosten, erdreistete ich mich plötzlich zu denken, dass auch ich gerade so etwas erlebte.

Alles deutete darauf hin: Wenn ich die Anwesenheit eines Lichtvollen hatte wahrnehmen und ertragen können, dann nur deshalb, weil eine wahre Explosion in meiner Seele stattgefunden hatte und ich lernte, Ungewissheit auszuhalten, indem ich akzeptierte, dass mein Herz und meine Gedanken "das Ruder übernahmen".

Aber weiter kam ich in meinen Überlegungen nicht.

Ich musste unbedingt Baldrinn wiedersehen, denn ich stellte nicht nur fast erschrocken fest, dass er mir fehlte und ich mich zu ihm hingezogen fühlte, sondern auch, dass ich mir Sorgen um ihn machte.

Etwas in mir erahnte die Farbe und den Geruch des Abgrundes, vor dem er stand. Wir waren im gleichen Gefängnis, Komplizen wider Willen, ohne uns wirklich zu kennen. Er war nicht mehr zu Hause, und ich ... nicht mehr gänzlich zu Hause.

Ich brauchte mir nur sein Gesicht mit dem roten Haar und der großen, seltsamen Narbe auf der Wange vorzustellen, und schon katapultierte sich mein Elfenkörper mitten in den Kreis der Großen Eichen. Wahrscheinlich war mir noch nie so gut die Macht der Gedanken und die Illusion der Entfernung vor Augen geführt worden.

"Frau Gwenedys?"

Ich muss noch ein leichter Wirbel im Licht der Eichen sein, als schon Baldrinn vor mir erschien. Er wirkte wie verloren in seinem Unterschlupf.

"Ich hatte dir ja gesagt, dass ich zurückkehren würde, Mensch ..."

Sein Blick hellte sich auf, auch wenn weiter Sorge aus ihm sprach.

“Warum nennst du mich so? Dein Misstrauen ist wohl sehr groß. Was habe ich dir getan?”

“Nichts ... Vielleicht hast du aber auch geschickt ein Spinnennetz in mir gewebt ... auch wenn es so etwas hier nicht gibt.”

“Was willst du mir damit sagen?”, fragte er mich erstaunt.

“Wir wissen, dass die Wesen deiner Welt überzeugt sind, frei zu sein und nach Belieben tun zu können, was sie wollen, und dass sie das Recht haben, nein zu sagen, wenn sie wollen. Aber stimmt das wirklich? Ich hinterfrage, was uns über die Menschen gesagt wird, und das macht mir Sorgen, denn ich habe niemals angezweifelt, was mein Volk mir erzählt hat, niemals.”

Baldrinn schien nicht zu verstehen, worauf ich hinauswollte, und selbst ich wusste es nicht so genau. Sein Gesicht forschte mich aus, und wieder fühlte ich mich wie im Sog seines smaragdgrünen Blicks.

“Ich habe von Freiheit gesprochen, aber auch von einem Spinnennetz, Baldrinn. Du sagst, du seist meinetwegen hierhergekommen. Wenn du selbst die Spinne bist, aber glaubst, *ich* hätte ein Netz gewebt, um dich darin zu fangen, dann haben wir eine seltsame Falle gebaut.”

“Ein Spinnennetz? Mit so einem Bild verbindest du mich? Nein, ich verstehe dich nicht, Gwenedys. Warum diese Vorbehalte und Unterstellungen? Ich bin allein in deiner Welt, von der ich nichts weiß. Ich bitte dich, mir zu helfen, denn ich vertraue dir. Und die Freiheit, von der du sprichst - die habe ich nicht mehr, ich habe keine andere Wahl als dich, als meine Hoffnungen in dich zu setzen!"

Baldrinn hielt einen Augenblick besorgt inne und fuhr dann fort:

"Ja, du hast richtig gesagt, dass meine Freiheit mich in diese Welt geführt hat, die in meiner verborgen ist, aber meine Freiheit und die Freiheit aller Menschen kann sich seltsamerweise auch so äußern, dass sie sich selbst ein Gefängnis errichtet. Dieses Gefängnis heißt Abhängigkeit!

Ich sehe, meine Worte überraschen dich. Hör dir an, was ich dir noch zu sagen habe.

Weil ich ... abhängig von der Frau aus dem Hochwald bin, bin ich zu dir gekommen. Und diese Abhängigkeit heißt Liebe. Sie ist wie ein Fieber.

Warum bist du zu mir zurückgekehrt? Du hättest mich weiter hier herumirren lassen können. Die Freiheit hattest du ... "

Baldrinn schlug die Augen nieder, als fürchtete er die Folgen seiner Äußerungen. Ein Gewitter, einen Feuersturm ...

Ich war durcheinander und versuchte, meine Gedanken zu ordnen. Der Begriff der Abhängigkeit fand einen sonderbaren Widerhall in mir. War ich etwa selbst gerade dabei, abhängig zu werden?

Bei meinem Schweigen hob Baldrinn verzagt den Blick, aus dem viel Ungesagtes sprach ...

Wie ich seine Intensität liebte! Es war so viel verheißungsvolles Feuer darin, dass mir schwindelig wurde! Ich geriet noch mehr aus dem Gleichgewicht, obwohl ich ohnehin schon gefährlich geschwächt war.

“Erzähle mir von der menschlichen Liebe und sage mir, wie sie beschaffen ist.”

“Also gibt es keine Liebe in deinem Volk? Deine Frage trifft mich direkt ins Herz. Ich weiß nicht, ob ich dir wirklich von der Liebe in unserer Welt erzählen kann, denn ich hatte noch nie so stark empfunden, bevor ich dich in meinem Land sah. Deswegen sagte ich dir, dass mich ein Fieber erfasst hatte.”

“Ich bat dich, mir von der menschlichen Liebe zu erzählen, nicht von deiner. Sage mir, was du weißt, ich bin neugierig.”

Während ich sprach, strich ich mit den Fingern über die Wange des Mannes mit dem roten Haar. Die lange Narbe, von der sein Gesicht gezeichnet gewesen war, war verschwunden. Sein gesamter Körper hatte sich verändert, er war leuchtender und weniger dicht, und ich hatte sogar fast das Gefühl, dass er gut roch! Ich verspürte den unwiderstehlichen Drang, ihm noch näher zu kommen, wie eine Sehnsucht, die ich aber mit keiner weiteren Geste zeigen konnte, aus Angst, sie könnte falsch verstanden werden ... oder vielleicht, weil ich fürchtete, sonst übermütig zu werden.

Bewegt von meiner flüchtigen Liebkosung, ergriff Baldrinn sanft meine Hand, hielt seine Lippen daran und seufzte tief. Es war, als habe er jede Zurückhaltung aufgegeben und als läge in dieser Geste alles, was er sich insgeheim erhofft hatte.

“Baldrinn ... Du hast dich so schnell verändert”, flüsterte ich. “Du bist jünger geworden, ich erkenne dich gar nicht mehr wieder. Dein Gesicht ... ist mir plötzlich so angenehm, du erscheinst mir so liebevoll ... "

"Auch du veränderst dich, Gwenedys! In deinem Blick ist so viel Zärtlichkeit ... Nein, du bist nicht mehr die, die eben noch vermied, mich anzusehen, als sei ich zu hässlich oder ihrer nicht würdig.

Und jetzt bittest du mich, dir von der menschlichen Liebe zu erzählen!

Liebe? Ich würde lügen, wenn ich behaupten würde, Menschen könnten lieben.

Nur sehr wenige verstehen, was das bedeutet. Ich glaube, die meisten haben nur gelernt, über die Liebe daherzureden. Liebe ist für sie gleichbedeutend mit Inbesitznahme, Eifersucht und Abmachungen. Außerdem lieben sie nur bedingt."

"Was meinst du mit 'bedingt'?"

"Die Menschen feilschen um die Liebe, ohne es überhaupt zu merken, denn bei ihnen ist Liebe mit Egoismus verbunden und dem Verlangen, den anderen zu besitzen. Sie verstehen die Liebe nicht. Oft ist sie nur ein Werkzeug in einem perversen Spiel, in dem es um Macht und ungesunde Begierden geht.

Für viele ist sie auch nur der Ausdruck wilder Urinstinkte, nicht der wahren Regungen des Herzens.

Für mich geht die menschliche Liebe in einem Spiel aus Bedingungen, Widersprüchen und Feilschereien unter. Dann kommt es zu Äußerungen wie: Ich liebe dich, wenn du mich liebst, ich liebe dich nicht, wenn du mir nicht gehörst ...

So erschafft die Liebe sich Gefängnisse, seltsame Gesetze und Schranken und kann sogar großes Leid verursachen. Im Namen der Liebe kann man bei mir schlimme Dinge tun und sogar töten!

Wenn die Liebe nicht aus dem Herzen kommt, bringt sie nicht das Beste in uns zum Vorschein, sondern das Schlechteste. Es ist ein Übel, das alles vom Kopf her kontrollieren und beschränken will.

Aber manche von uns können lieben, das versichere ich dir. Sie geben sich hin, verschenken alles und behalten selbst nichts zurück. Sie lassen innere Grenzen fallen, denn sie haben verstanden, dass wahre Liebe loslässt und nichts zurückverlangt."

"Und du, kannst du wirklich lieben?"

"Ich glaube, ich habe verstanden ..."

"Die Wächter lehren uns fast mit Abscheu, dass ihr nur mit eurem Körper liebt ..."

Baldrinn sah mich seltsam eindringlich an, als würde er noch genauer herausfinden wollen, was unsere Welten voneinander trennte.

"Mit unserem Körper? Ja, wir vereinigen uns miteinander. Manche tun es wie Tiere, wie um sich zu befriedigen. Andere suchen nach wahren Gefühlen oder Empfindungen hinter ihren Impulsen. Aber wir alle sehnen uns nach gegenseitigem Austausch.

Unser Körper will sich mit unserer Seele verbinden. Hinter dem Tor der Sinne sucht er die innige Liebe. Aber manchmal sind Liebe und Begehren so stark, dass das heiße Feuer der Leidenschaft uns innerlich verbrennt. Es ist größer als wir!

Aber was ist mit dir ... Erzähl mir von deinem Volk. Du scheinst so jung, Gwenedys ... alterslos."

"Nein ... Ich bin nicht jung, sondern, wie du richtig sagst, 'alterslos'. Wir werden gemäß unserem Ideal von Vollkommenheit aus dem Zusammentreffen von Licht geboren. Wir altern nicht, sondern sterben ganz einfach, wenn unsere Seele müde geworden ist. Wir wissen, dass dann ein neuer Lebenstag beginnt, damit wir unser Werk im Dienste der Lichtvollen fortführen können.

Mein Volk lebt durch seine Sinne. Das, was du den 'fleischlichen Akt' nennst, ergibt sich bei uns nicht aus Impulsen. Wir sind kein Fleisch und kennen keine Impulse, weswegen wir einen 'Akt des Lichtes' kultivieren.

Hier liebt niemand nach deiner Definition von Liebe. Jeder hat Vorlieben und folgt der Strömung der Blütenenergie, die sich ihm bietet, ohne sich Fragen zu stellen oder an der Richtigkeit einer Vereinigung zu zweifeln.

Der Liebesakt ist wie eine Variation des Lebens, wie ein Duft als Krönung der vollkommenen Natur. Aus unseren Vereinigungen werden andere Elfen geboren, die bereits vollständig erwachsen sind.

Unsere Erzeuger sind also nicht unsere Eltern, sondern Bestandteil unserer Sippe, verstehst du? Hier ist alles ein Austausch subtiler Energien, alles durchdringt einander, um Harmonie zu erzeugen. Wir erschaffen die subtile Natur in ihrer ursprünglichen Vollkommenheit immer wieder neu. Es ist wie ein Reigen."

Ein Geräusch ließ uns jäh hochfahren.

Gwandenn und Talisnenn standen vor uns, sichtlich erzürnt, dass sie mich mit einem menschlichen Eindringling ertappt hatten, den sie hier gewittert hatten und der die Ursache meiner abtrünnigen Hirngespinste war.

Sofort steuerten sie voller Verachtung auf Baldrinn zu ...

"Also sind die Gerüchte wahr! Du hast trotz der Warnungen des Hohen Rates ein Wesen der Eisenwelt hereingelassen und den Wächtern nicht gehorcht!"

"Sie kann nichts dafür", sagte Baldrinn mit kaum vernehmbarer Stimme. "Tut ihr nichts zuleide."

"Schweig! Du hast uns nicht zu antworten. Wenn Gwenedys sich in dein heuchlerisches Spiel hineinziehen ließ, heißt das nicht, dass wir das auch tun."

"Schwestern ... Verurteilt diesen Menschen nicht. Ihr wisst gar nichts von ihm. Es stimmt, ich kann nichts dafür, dass er hierhergekommen ist ... oder fast nichts.

Ich bin es, die durch das Tor ging und unwissentlich in das Land dieses Menschen gelangte. Ich wusste nicht, dass er mich sah und beobachtete. Ich wollte nur in einem innigen Moment den Duft der Erde kosten. Ich fühlte mich stark von der Außenwelt gerufen. Dann wurde ich verfolgt, ohne dass ich etwas dafür konnte.

Danach sah ich, dass der Mensch, Baldrinn, durch das Tor von Tellendrach' gegangen war, genauso ratlos war und nicht wusste, wo er sich befand.

Ich näherte mich ihm, um ihn zu beobachten. Er hatte Angst wie ich. Er wollte zu den Seinen zurück, aber die Schleuse war verschwunden. Wahrscheinlich haben die Geister der Tiefen die Ausrichtung der irdischen Adern[11] verändert; seitdem bin ich auf der Suche nach einem anderen Tor für ihn. Was hättet ihr denn getan?

Ihn sich selbst überlassen? Also half ich ihm und versteckte ihn hier im Kreis der Großen Eichen, wohin die Wächter in der roten Jahreszeit nicht kommen, da sie zu sehr mit den Festlichkeiten beschäftigt sind. Seitdem sprach dieser Mann zu mir, erzählte mir von den Menschen, machte mir Dinge verständlich, und ich vertraue ihm. Ich habe keine Angst mehr vor ihm. Nennt auch ihr ihn bei seinem Namen."

"Aber was glaubst du denn, Gwenedys? Dass du die Gesetze unseres Volkes ändern kannst? Mit deinem Leichtsinn stellst du unsere ganze Welt auf den Kopf!"

"Ich tue nichts gegen mein Volk. Ein Lichtvoller ist gekommen und hat es mir gesagt. Er hat mir geraten, es zu wagen, auf den Menschen zuzugehen, mich ihm zu öffnen ... und mir versichert, dass ich keine Abtrünnige bin, sondern eine 'sich Entwickelnde', und das ist gut so!"

"Ein Lichtvoller ist zu dir gekommen? Du glaubst also, du bist ein Elfen-Kanal?"

"Dein Zorn hindert dich daran, mit dem Herzen zu sehen, Gwandenn, und auch dich, Talisenn. Ich erkenne euch nicht mehr wieder, auch Erdwinn nicht, er ist so verbittert! Ist unser Volk so grausam und geringschätzig geworden?"

11) Die subtilen Kraftlinien oder Nadis der Erde.

Bei meinen lebhaften Worten blieben sie einen Moment lang sprachlos und warfen Baldrinn kurze Blicke zu.

“Du weißt aber doch, dass alle bisherigen Kontakte unseres Volkes mit der Metallwelt wie Gift für uns waren...”, antwortete mir schließlich Talisenn in milderem Tonfall. “Sieh dir dieses Wesen mit dem roten Haar an, was weißt du wirklich über es? Glaubst du etwa, was es sagt?”

“Alles, was ich bisher wusste, ist das, was uns der Hohe Rat und seine Wächter lehrten. Aber jetzt vielleicht ...”

“Vielleicht was?”, schleuderte Gwandenn mir aufgebracht entgegen.

“Vielleicht hat der Hohe Rat uns Wahrheiten vorenthalten, vielleicht wollten sie uns mit Absicht in ihre Ordnung und Gesetze zwängen.

Sie wollen für immer reine Elfen, die unterwürfig ihrer täglichen Arbeit nachgehen, ohne je nach mehr zu suchen, ohne sich jemals Fragen zu stellen oder wählen zu können.

Habt ihr nicht das Gefühl, in einer Welt zu leben, die uns unterdrückt, uns das Einheitsdenken einer Seelengruppe aufzwängt und sich nur auf sich selbst konzentriert, ohne Persönlichkeit, Bewusstsein, Wünsche oder Meinungen?”

Die Bilder, die zwischen uns hin- und herflogen, entfachten in meinen Schwestern neues Feuer.

“Unsere ganze Sippe hört inzwischen deine Fantastereien, Gwenedys, wir alle leiden darunter! Schon bald wird der Mensch von den Wächtern gefangen genommen, dann werden wir nichts mehr für dich tun können. Du wirst des Verrats schuldig gesprochen und von Ar Danesill' bestraft werden! Welcher Wahnsinn hat nur von dir Besitz ergriffen! Weißt du, woran du leidest?"

"Willst du sagen, ich bin wahnsinnig geworden, Gwandenn? Nur dass es einen Lichtvollen gibt, der diesen Wahnsinn offenbar gutheißt. Ich werde euch einfach gar nichts mehr erzählen. Ich werde nur noch mit Ar Danesill' besprechen, was die Hohe Präsenz mir anvertraut hat. Ihr seid verschlossen, und ich verliere mein Strahlen bei dem Versuch, euch nur ein wenig zu öffnen."

Die Begegnung hinterließ Baldrinn und mich völlig ratlos. Wir wussten nicht, was wir tun sollten, und fassten uns an den Händen.

"Ich werde dem treu bleiben, was wir uns anvertraut haben, und versuchen, etwas für dich zu erreichen, aber du weißt, dass du dem Hohen Rat gegenübertreten musst. Er wird sich schon bald zeigen. Lass uns ruhig bleiben und warten."

Und tatsächlich geschah, was geschehen musste. Nur einen Nebelhauch später ...

Im Laub der großen Eichen hatten wir keine Zeit mehr, noch etwas zu sagen, nur, unsere Hände loszulassen, und schon waren mehrere Wächter da und zerschmetterten die Sphäre, in der ich geglaubt hatte Baldrinn schützen zu können.

Es waren fünf oder sechs, aufrecht und lodernd standen sie da, mit dem Heiligenschein ihrer Privilegien als Wächter der Tradition und einer autoritären Aura, durch die ihr Haar doppelt so lang wirkte wie das anderer Elfen.

Ich begrüßte sie, wie es sich gehörte, indem ich die Hände auf die Mitte der Brust legte und sie in einer willkommen heißenden, schenkenden Geste öffnete.

Sie antworteten mir nicht auf die gleiche Weise und starrten mich ungerührt an. Baldrinn beachteten sie nicht einmal, als genügte der Umriss seiner Gestalt aus dem Augenwinkel, um alles über ihn zu wissen.

Sie wandten sich ausschließlich an mich, die Rebellin und Zerstörerin der Ordnung. Und während sie Seelenbilder aufsteigen ließen, die mich praktisch des Verrats beschuldigten, merkte ich, wie sich der "Ich"-Begriff immer deutlicher in meinem Herzen und meinem Kopf abzeichnete.

Mein Volk wurde zu "deren Volk", und mir wurde klar, dass ich kurz vor einem Bruch stand. Ich verließ meine Sippe, aber nicht, weil man mich durch mein Verschulden daraus verjagen wollte, sondern weil die Veränderung in mir außer Kontrolle geriet und ich mich deshalb selbst aus meiner Welt ausschloss. So ist es oft mit jenen, die zulassen, dass ihr Bewusstsein sich verändert.

Bei unserem Austausch von Bildern und Gedanken erfuhr ich schnell, dass Baldrinn, so lange der Hohe Rat die Sache untersuchte, dort gefangen gehalten würde, wo ich ihn hingebracht hatte: im Kreis der Großen Eichen.

Natürlich gibt es in der Elfenwelt weder Käfige noch Gefängnisse, wie man sie auf der Erde der Menschen kennt. Allerdings kann man unsichtbare Mauern und Zäune errichten.

Man webt, was man "geistige Umzäunungen" nennen könnte. Sie sind ein kunstvolles Netz aus psychischen Fäden, die äußerst fein um die Präsenz herumgewickelt werden, die man bestrafen will.

Meine Schwestern wurden damit beauftragt, eine solche "Stickerei" anzufertigen. Es kam mir vor, als freuten sie sich sogar darüber, wie um die Wächter und vielleicht auch sich selbst davon zu überzeugen, dass ich sie mit meinem Wahnsinn nicht angesteckt hatte.

Unauffällig folgte ich ihnen mit meiner Seele und sah, wie sie sich, nachdem sie auf der Lichtung am Rand des Kreises der Großen Eichen hohe Gräser gesammelt hatten, in einem Hain niederließen.

Natürlich wusste ich, was sie damit tun würden; jede Elfe wusste es, auch wenn von der Prozedur, die sie nun ausführen würden, nur sehr selten Gebrauch gemacht wurde.

Langsam und sorgfältig würden sie, den Geist auf Baldrinns Gestalt konzentriert, mit ihren langen Fingern die Gräser flechten, um eine Mauer aus blockierender Energie zu errichten. Mein Freund, der Mensch mit dem roten Haar, würde schon bald zu spüren bekommen, dass sich der Wald um ihn herum verengte. Ihm würde nur noch ein kleiner Radius bleiben, den er nicht mehr verlassen konnte.

Ich wusste nicht einmal, ob ich ihm überhaupt noch die Hand reichen konnte. Die Wahrscheinlichkeit war gering, aber ich wollte es in Erfahrung bringen.

Ich fand ihn in der Mitte des Kreises der Großen Eichen. Wie ein verängstigtes Tier im Käfig strich er zwischen einem Dutzend großer Bäume hin und her.

"Frau Gwenedys", rief er, als er mich kommen sah, "trotz allem bist du zurückgekehrt ... "

Wusste er, was gerade geschehen war und womit die Wächter meine Schwestern beauftragt hatten?

Es zerriss mir das Herz. Ich gehörte meiner Sippe nicht mehr an und begriff, wie hartherzig mein Volk wirklich war.

Ein langes Klagen stieg aus meiner Brust, und instinktiv faltete ich die Hände darüber, um den Aufschrei zu dämpfen. Ich breitete mein Haar um mich herum, um ein leuchtend weißes Licht zu erzeugen, das mir als Schutzhülle dienen sollte.

Ich musste mich zum Schweigen zwingen, denn ich fürchtete, der Hohe Rat würde sonst noch unversöhnlicher zu Baldrinn sein ... und nicht nur zu ihm.

Mit allerletzter Anstrengung musste ich meine innere Flamme wiederfinden und durfte mich nicht von der Lawine der Ereignisse überrollen lassen.

Sterben, Verdunkelung, Verglimmen ... Sicherlich schickte Ar Danesill' mir dieses Bild. Er wollte wohl, dass ich in Skrupeln versank und an meiner Schande verzweifelte ... vielleicht, um mich am Ende nach seinem Gutdünken wieder aufzurichten. Aber brauchte ich es, wieder aufgerichtet zu werden? Meine Seele stand bereits aufrecht!

Plötzlich erklang wieder eine Stimme, die in mich hineinschlüpfte und mich in meiner Verwirrung überraschte. Es konnte nur der Lichtvolle sein, der sich schon einmal meines Wahnsinns oder Schicksals angenommen hatte. Die Stimme war so machtvoll, dass sogar Baldrinn sie anscheinend hörte oder zumindest erahnte. Auch er hielt inne und wurde still.

Ich blickte zu Boden, als die Stimme sich erhob.

"Gwenedys! Glaube an dein Herz! Erinnere dich an meine Worte. Dein Volk muss dich standhaft und aufrecht sehen. Zweifle nicht! Es ist keine Schande, wenn man zu wachsen versucht, nachdenken will und zu lieben hofft. Dein Volk lernt durch dich, auch wenn es versucht, sich in seine Gesetze zu flüchten.

Tellendrach' bebt von deinem Wagemut, du bringst ihm neue Hoffnung. Deine Gedanken rufen das Licht. Lass nicht zu, dass es dunkler wird. Lass deine Flamme nicht ins Flackern geraten, niemals! Gehe weiter und bleibe aufrecht. Dein liebendes Herz ist wie eine Festung. Wer wagt, lernt zu lieben."

Das war alles ... Die Stimme erstarb, und mein Herz fühlte sich an wie ein zerbrechlicher Kristall. Ich kam mir winzig und unbedeutend vor, wie am Fuße eines riesigen Gebirges, das ich erklimmen sollte.

Schon bald würde Ar Danesill' hier eintreffen und kurzerhand sein Urteil fällen. Drohte mir als Abtrünnige das Exil? Ich hatte bei uns noch nie davon sprechen hören. Oder der Tod? Für unsere Seelen existierte er nicht. Aber was war mit dem Menschen?

Mir wurde klar, dass ich mir zunehmend Sorgen um ihn machte.

Mir schwirrten nur noch Fragen im Kopf herum, denn wieder hatte der Lichtvolle mich mehr verunsichert als getröstet. Mein Geist kam nicht zur Ruhe ...

Wenn das Weiterentwicklung war, dann schien der Preis dafür extrem hoch zu sein. Nach unserem Verständnis waren die Lichtvollen unsere Schöpfer, sie hatten uns erzeugt, indem sie das Licht ihrer Gedanken verdichtet hatten. Auch hieß es, sie hätten uns nach einem edlen Plan des Gleichgewichtes in Vollkommenheit erschaffen.

Aber was war Vollkommenheit? Vollkommenheit braucht sich von Natur aus nicht weiterzuentwickeln, aktiv zu werden oder sich zu öffnen ...

Auch hier hatte man uns vielleicht geschickt die Wahrheit verborgen.

Mir blieb keine Zeit, um mir weitere Fragen zu stellen. Ich spürte eine Bewegung im Licht ... Ar Danesill' war unvermittelt am Saum des Kreises der Großen Eichen erschienen.

Ich hatte ihn in Begleitung vieler Wächter erwartet, aber er war allein. Es war das erste Mal, dass ich ihm so nahe kam.

Sofort nahm ich den "Luftstrom" war, von dem man sich erzählte, er wirbele stets um ihn herum. Er brachte die Überfülle an Energie zum Ausdruck, die dem Äther der Elfenwelt zu eigen war und die wir "Gedächtnis des Atems" nannten.

Wie seine Vorgänger stand auch Ar Danesill' in dem Ruf, durch diese Energie mit dem kollektiven Gedächtnis des Volkes verbunden zu sein und jederzeit mit den Lenkern der drei anderen Ätherwelten kommunizieren zu können.

Für uns war er die leibhaftige Verkörperung der Elfenarchive und wachte über das Gleichgewicht unseres Landes mit den Kräften von Erde, Wasser und Feuer.

Mein Körper verneigte sich wie von selbst vor ihm, während meine Hände sich traditionsgemäß aneinanderlegten. Ich wurde auf dieselbe Art gegrüßt. Das hatte ich nicht erwartet.

Ar Danesill's Gestalt erschien mir unfassbar hochgewachsen in ihrem Gewand aus Moos und Flechten. Seine Augen schienen sein gesamtes Gesicht einzunehmen.

"Wo ist er?"

Wider Erwarten schwang in Ar Danesill's Stimme ein friedlicher, warmer Ton mit.

Ich wies auf den Kreis der Großen Eichen, und mein ganzer Körper projizierte sich dorthin.

"Dann hast also wirklich du ihn dorthin geführt?"

Hohes Gras und Farn glitten unter uns dahin, und schon war Baldrinn weniger als zwanzig Schritte entfernt, hilflos zwischen den Bäumen eingezwängt, gefangen hinter den Maschen des psychischen Netzes, mit dem man ihn umspannt hatte.

Ich bemühte mich, ihn nicht anzublicken. Es fiel mir so schwer!

"Erkläre mir nichts. Ich habe bereits alles in dir gelesen. Deine Seelenbilder sind stark und überaus schöpferisch, Gwenedys ... Frau aus dem Hochwald!"

Ich war bestürzt, unter solchen Umständen mit diesem Namen angesprochen zu werden.

Sogar er war also durchgesickert, alles hatte sich herumgesprochen, der Hohe Rat hatte alles in der Hand ... alles!

Im Gegensatz zu meinen Schwestern sah Ar Danesill' sich Baldrinn sehr lange an. Ich wusste, dass er ihn auskundschaftete und den Geruch seines Seelenlichtes atmete.

Baldrinn schien nicht zu bemerken, dass er beobachtet wurde. Er wanderte im kleinen Radius seiner Bäume umher und strich mit der Hand über die Stämme.

Liebte er etwa Bäume? Achtete er sie? Offenbar waren die Bewohner der Eisenwelt facettenreicher, als uns immer erzählt wurde.

Nach allem, was ich zu verstehen oder vielmehr zu erahnen begann, konnten Achtung und Achtlosigkeit, Liebe und Gewalt bei ihnen nebeneinander existieren, ohne dass ihnen das größere Probleme bereitete.

War auch das Freiheit?

"Er riecht nicht schlecht" sprach Ar Danesill' plötzlich, als verkündete er ein Urteil. "Ob du ihn gefunden und absichtlich hierhergeführt hast oder nicht, ist nicht das Problem. Das Problem ist, dass diese Rasse Dualität sät. Allein die Idee des Zweifels ist schon Dualität. Es ist ein Kraftverlust!

Was den Rest betrifft ... Die Archive unseres Volkes besagen, dass nichts je ohne Grund geschieht.

Nur wenige wissen das, Gwenedys ... Nun also, da du die Ursache dieses 'Nichts' bist, folge mir; wir werden seinen Raum betreten, und ich werde ihn befragen. Er wird mich nicht belügen können."

Wider Erwarten hatte Ar Danesill' mir keine Vorwürfe gemacht. Verstand er etwa, was wirklich vor sich ging?

In seiner langen Hand hielt er einen sonderbaren, bernsteinfarben schimmernden Stab, und seine Augen starrten mich eindringlich an, als er mich einlud, ihm in Baldrinns geistiges Gefängnis zu folgen.

Ich hörte eine Art feines, klingendes Reißen in der Lichtluft des Kreises der Großen Eichen, als wir den Radius betraten, in dem Baldrinn gefangen war. Bei unserer Ankunft schrak er hoch wie ein scheues Tier, überrascht, in der Einsamkeit seines Kreises aufgesucht zu werden.

Unverzüglich und schonungslos sprach der Oberste des Hohen Rates ihn an, ohne ihm zu sagen, wer er war.

“Glaubst du an irgendetwas, Mensch?”

Ich sah, wie Baldrinn sofort stolz den Kopf hob.

“Ich glaube an Lugh![12] Und ich glaube, dass er mich hierhergeführt hat.”

“Hier bist du bei uns!”

“Ich weiß noch nicht einmal, wer du bist. Aber das hier ist ja auch die Rückseite der Welt ... das heißt, ihr verborgenes Gesicht.”

“Verkehre nicht die Rollen, Mensch! Du bist hier bei uns, und du bist es, der von der Rückseite der Welt gekommen ist, einer Welt, die dieses Namens nicht würdig und leider von unserer abhängig ist. Erzähle mir von Lugh. Wer ist er?”

12) Lugh ist der oberste Gott der keltischen Mythologie, nicht nur, weil er die Hierarchie anführt, sondern auch, weil er pankeltisch ist: Er gehört zu den seltenen Gottheiten, die in allen keltischen Völkern zu finden sind.

“Er ist der Schöpfer von allem, die Quelle der göttlichen Mächte. In meinem Volk bedeutet sein Name zugleich ‘Der Dunkle und der Helle’”.

Bei dieser überraschenden Antwort fühlte ich, wie der Atem rund um Ar Danesill’ plötzlich in Bewegung geriet. Hatte ihn Baldrinns unerwartete Selbstgewissheit verärgert? Auch mich verwirrte seine unerwartete Antwort.

“Wie kann man dunkel und hell zugleich sein?”

Ich war mir nicht sicher, ob Ar Danesill’s Frage ironisch gemeint oder ob er wirklich neugierig war.

“Das kann man nur, wenn man Lugh ist. Für uns ist Lugh der Vater von allem. Er vereint die Gegensätze, wie jedes Geschöpf es im Herzen tun sollte. Er vereint kampflos Sonne und Mond, Erde und Himmel, Feuer und Wasser, Zeit und Nichtzeit, denn er atmet gleichzeitig ein und aus. Das ist mein Glaube.”

Baldrinn blickte Ar Danesill’ angestrengt an. Er hatte sichtlich Angst, aber bot ihm die Stirn.

Ich sah, wie Ar Danesill’ langsam zu Baldrinn hinüberglitt. Er schien sich genauso für seine Äußerungen zu interessieren wie ich. Seine Seelenbilder durchflogen mich so schnell, dass ich sie kaum erfassen konnte.

“So glaubt ihr Menschen also an einen Gott, der ‘über’ allen Göttern steht. Aber was ist ein Gott? Du sagst das so dahin ... Könnt ihr nicht einfach an das Leben und sein leuchtendes Strahlen glauben?”

“Das ist, woran ich glaube und dem ich den Namen Lugh gebe. Aber nicht alle denken wie ich.”

"Wer ist das Volk, dessen Gedanken voneinander abweichen? Deshalb riecht ihr nach Dualität. Euch eint keine gemeinsame Stärke, keine gemeinsame Vision! Nichts als Zusammenhanglosigkeit ...

Ich bemerke aber, dass du nicht schlecht riechst. Sprichst du wahr, wenn du behauptest, nicht alle der Deinen dächten wie du?"

"Warum sollte ich lügen? Unsere Unterschiede sind unsere Schwäche, aber sie helfen uns auch, Stärke zu zeigen.

Aber warum bin ich an diesem Ort gefangen? Was habe ich Schlechtes getan?"

"Einheit, Mensch, ist die einzig wahre Stärke. Es ist der Zustand meiner Welt, ein heiliger Zustand, dessen Wächter ich bin. Wir befinden uns im Mittelpunkt der Wahren Welt, und auch wenn dein Herz nicht unrein ist, hast du sie gestört, indem du dich einer von uns bedient hast. Du wirst hier weiter unter diesen Bäumen bleiben, bis ich meine Überlegungen zu Ende geführt habe. Ich werde dich darüber in Kenntnis setzen.

Gwenedys, die rote Jahreszeit hat begonnen, und die Sippe von Tellendrach' erwartet dich zur Großen Erweckung. Zage nicht! Die grüne Jahreszeit hat uns ein Festmahl blumiger Düfte bereitet, und ich will dich dort anwesend sehen."

"Ar Danesill', die Sippe weist mich zurück, und ich würde lieber nicht kommen. Es schmerzt mich, als Abtrünnige betrachtet zu werden."

"Bist du es denn? Ich denke nicht ... Aber ich will wissen, was der Lichtvolle dir offenbart hat. Du wirst bald vorgeladen werden. Widersprich niemals mehr meinen Beschlüssen!" Ar

Danesill' sagte nichts weiter. Mit einem hellen Zischen verschwand seine hochgewachsene Präsenz. Unvermittelt waren Baldrinn und ich allein und zugleich hoffnungslos getrennt durch eine entsetzliche psychische Mauer. Nur unsere Gedanken konnten sich weiter begegnen.

"Frau aus dem Hochwald, sag mir ... Warum wollte er lediglich wissen, woran ich glaube? Fällt man so bei euch Urteile?"

"Was du glaubst, formt, was du bist, Baldrinn. Nicht den Grund deiner Anwesenheit bei uns will der Oberste des Hohen Rates in seinen Visionen suchen; er vertieft sich in den Abdruck deiner Seele ... denn er hat jetzt verstanden, dass du eine Seele hast."

6

Vor dem Hohen Rat

Einen irdischen Wimpernschlag später wurde eine neue Seite im Buch meines Lebens aufgeschlagen.

Ich fand mich inmitten der Zeremonien unserer Sippe von Tellendrach' wieder, die die Große Erweckung der roten Jahreszeit[13] begleiteten. Zu Abertausenden wirbelten wir in konzentrischen Kreisen um einen riesigen Rosenquartz herum.

Unsere Kreise, die ihren Anfang an diesem Mittelpunkt nahmen, schlossen Wälder, Lichtungen, Täler, Wiesen, Flüsse und Bäche ein.

Gemeinsam im Kreis wirbelnd bildeten wir eine Art Schwarm, der mit seinem Tanz die Fortbewegung des Lichtes anregte, sodass es erstrahlte und die Pflanzensäfte angeregt wurden, auf allen ihren Wegen zu jubilieren und noch besser herzustellen, was in der Außenwelt Blüten und Früchte sein würden.

Wir sagten lieber "Außenwelt" statt "Menschenwelt", denn für uns gehörte sie, die Rückseite oder der unfreiwillige

---

13) Die rote Jahreszeit entspricht dem irdischen "Sommer".

Fortsatz unserer Welt, nicht den Menschen, auch wenn sie das glaubten. Sie hatten sich dort einfach ausgebreitet, um sich alles anzueignen.

Unser Tanz verbreitete ein warmes Surren, aus dem allmählich ein roter Lichtschein aufstieg, der unseren Himmel bis zur folgenden Jahreszeit färben würde.

Ar Danesill' hatte recht gehabt. Was auch geschehen war, ich hätte einen schrecklichen Fehler begangen, wenn ich nicht an dieser einfachen, aber mächtigen Zeremonie teilgenommen hätte, die unerlässlich für das Gleichgewicht der Natur der Außen- und auch der Elfenwelt war. Das eine ergibt das andere!

Unsere surrenden Tänze tanzten wir stets zu viert in einem geheimen Rhythmus, laut dem jede Jahreszeit den Keim und die Wahrheit der drei anderen in sich trägt. So hatte jeder Tanz sein eigenes Tempo und seinen eigenen mehr oder weniger ernsten oder fröhlichen Gesang.

Zwischen den Tänzen legten wir eine kurze Pause ein, in der wir die Düfte der Bäume und Pflanzen unseres Aufenthaltsortes in uns aufnahmen, um mit dem Reichtum der Natur, dem höchsten Geschenk der Lichtvollen, zu kommunizieren, bis wir satt waren.

In einer dieser Pausen begegnete ich erst Erdwinn und dann der Elfe, die meiner Seele in einem Moment der Verschmelzung mit einer anderen Elfe erlaubt hatte, wieder einen Lichtkörper anzunehmen – meiner Mutter Tindrell.

Auch Erdwinn hatte von solch einem Moment mit mir geträumt. Ich wusste es in meinem Innersten ... aber unsere Geschichte wandelte und veränderte sich, das war offensichtlich.

Die Seelenbilder, die wir austauschten, waren schmerzhaft, weil sie voller Verständnislosigkeit und sogenannter "offener Symbole" waren, über die wir uns nicht völlig eins waren. Aber es geschah auf eine sanfte Weise. Wahrscheinlich liebten unseren Seelen sich noch immer ...

Ich hatte ein neues Vokabular gelernt, auf das er nicht vorbreitet war; dadurch schob sich ein Schleier zwischen uns, den wir nur traurig zur Kenntnis nehmen konnten. In der Elfenwelt gab es keine echten Tränen. Sie sind zu menschlich, entstammen zu sehr der dualistischen Welt und ihren Zweifeln, um in der Ätherwelt gänzlich existieren zu können.

Dennoch bemerkte ich ein paar Wasserperlen in meinen Augenwinkeln. Sie hatten sogar malvenfarbene Rillen auf dem durchscheinenden Gewebe meiner Wangen hinterlassen. Ich verwandelte mich ... So war es.

Was meine Mutter Tindrell betrifft, so brachte uns unsere Begegnung zwischen dem zweiten und dritten Tanz wieder einander näher. Als sie mit ihrer Seele in meine eintauchte, gestand sie mir, dass auch sie Baldrinn, den Mann mit dem roten Haar, entdeckt hatte.

Sie hatte seine Anwesenheit gespürt, da sie einen sogenannten "Seufzer des Blickes" empfangen hatte, das heißt eine "Welle der Nicht-Freude", die in einem Moment der Einsamkeit aus den Tiefen meines Laubes von mir ausgegangen war. So war sie schnell zum Kreis der Großen Eichen und zu dem Mann geführt worden.

Auch der Zorn meiner Schwestern Gwandenn und Talisenn, den sie gespürt hatte, hatte dazu beigetragen, dass sie innerhalb kürzester Zeit dorthin fand. Ich erinnere mich noch genau, was sie mir über den Mann sagte.

“Er ist gar nicht so hässlich, trotz der roten Haare, und riecht nicht allzu schlecht.”

Und dann gestand sie mir alles.

“Auch ich habe einmal zugelassen, dass mein Körper sich wie von selbst dem Tor näherte. Ich hatte den Mann durch seine Transparenz und seinen Atem schon mehrmals auf der anderen Seite entdeckt. Deshalb verstehe ich dich, aber ich bin nicht so stark wie du, und ich kann nicht etwas verteidigen, was für mich nicht zu verteidigen ist, weil es mir Angst macht. Angst ist eine Vorstellung, die mir recht neu ist. Bisher kannte ich nur Misstrauen, aber jetzt beginne ich Angst zu haben ... Hast du das alles gesät, Gwenedys?”

Ich wusste nicht, was ich meiner Mutter antworten sollte. Sicher war ich es gewesen, die diese “Ordnung der Angst” gesät hatte; ich hatte die Umrisse von “etwas” deutlicher gemacht, das in meiner Welt bisher nur sehr vage gewesen war. Dann gehörte wohl auch Angst zu dem Tribut, den man der Freiheit zollen musste.

Die rituellen Tänze rund um den Rosenquartz hatten geendet. Die Große Erweckung hatte alle Düfte zum Explodieren gebracht, und der Himmel funkelte wie ein Rubin und verströmte die lieblichen Düfte der roten Jahreszeit.

“Gwenedys ...”

Tindrell stand plötzlich vor mir. Die Besorgnis auf ihrem zarten Gesicht war sanftem Wohlwollen gewichen, das wie Akzeptanz schien.

“Ich wollte dir nur sagen, dass ich nicht gegen dich bin, auch Erdwinn nicht. Er leidet besonders darunter, dass du dich von uns abgewendet hast. Ich fühle den Ruf in deiner Seele, er scheint stärker als alles andere. Ich akzeptiere deine Entscheidung und wäre gerne so stark wie du, aber … ”

Kaum hatte Tindrell zu Ende gesprochen, als uns eine Art Windstoß aus “Schattenknistern” ins Wanken brachte. Was war das? So etwas hatte ich noch nie erlebt.

Auch unsere Umgebung war davon durchgerüttelt worden. Die großen Kiefern und Baumgruppen rauschten sonderbar. Es schien, als seien sie aus ihrer Lebensachse geraten und versuchten, ihr Gleichgewicht wiederzufinden.

Mir blieb keine Zeit mehr, den Blick meiner Mutter zu suchen, denn uns erfasste ein zweiter, dann ein dritter Windstoß, der uns voneinander trennte. Um ich herum hörte ich dumpfe, erschrockene Rufe. Entsetzte Elfen kauerten sich auf den Boden, die Augen schreckgeweitet.

Plötzlich begriff ich … als würde uraltes Wissen ganz von selbst aus den Tiefen meiner Elfennatur emporsteigen.

Ein Äthergewitter! Ein mächtiger, schattendurchsetzter Lichtwirbel, der Besitz vom subtilen Universum ergriff, wenn die Erdkruste einriss und die Kräfte neu verteilt wurden.

Bei den Menschen hatte gerade die Erde gebebt. Wahrscheinlich hatte sich deshalb das Große Tor verlagert und Baldrinn und mich in die Falle gelockt.

Oh … Dann klärte sich also alles auf! Die Verlagerung des Tors war ein Vorzeichen gewesen, das keiner von uns verstanden hatte.

Und das, obwohl wir wussten, dass das Subtile immer vor dem Dichten beginnt sich zu wandeln! Alles kommt von innen ... Auch meine eigene Verwandlung, die mich zu Baldrinn geführt hatte, brachte dieses Gesetz zum Ausdruck, da ich ja auf meine Weise zu einer Art "Schattenknistern" für mein Volk geworden war.

Eine merkwürdige Stille breitete sich in dem Laubwerk aus, in das ich geschleudert worden war. Es schien, als müsste sich alles neu definieren, von den kleinsten Formen bis hin zum Lied der zirkulierenden Energie.

Schließlich stand Tindrell wieder vor mir.

"Ich habe die Bewegungen des Schattenlichtes schon einmal erlebt. Es war kurz bevor du wieder in dieser Welt auftauchtest ... nur ein solches Knistern gab es dabei nicht."

Ich erwiderte nichts und tat alles, um meine Gedanken zu zerstreuen, damit Tindrell nicht die Bilder empfing, die sicher irgendwann aus mir herausplatzen würden ...

Ich glaubte sicher zu wissen, warum dieser Äthersturm so mächtig gewesen war, denn bevor ich Baldrinn allein gelassen hatte, hatte er mir etwas anvertraut.

Druiden, Hexen oder Magier hatten ihm angeboten, das Große Tor mit bestimmten Ritualen noch sichtbarer zu machen, durch das er so hoffte mich wiederzufinden.

Genau solche Dinge aus der Menschenwelt, hieß es bei uns, brachten die Beziehungen zwischen den Universen oft durcheinander. Sie waren an sich weder gut noch schlecht, aber sie bargen Gefahren ...

Nichts und niemand mischt sich ungestraft in die gesetzliche Ordnung ein, die den Welten erst ihre Beweglichkeit verleiht.

“Die Magie der Priester?”, sagte plötzlich Tindrell und trat sehr nah in mein Seelenlicht. “Du hast es dir gerade bildhaft vorgestellt und es gesagt. Das also wusstest du!”

Ich war es so leid! Warum sollte ich ihr verheimlichen, was sie ohnehin schon erfasst hatte? Ich wollte nicht mehr lügen, die Lüge kam nicht aus meiner Welt, sie nahm mir mein Licht und meine Seelenkraft. Ich durfte den Ruf in meiner Brust nicht leugnen. Vielleicht wusste sie über diese menschlichen Praktiken ja sogar viel mehr als ich.

“Ja, so ist es”, fuhr sie fort. “Die Priester der Metallwelt oder ihre Nachfolger, denn die Zeit vergeht dort wohl sehr schnell, sind womöglich noch immer auf der Suche nach dem Mann mit dem roten Haar. Sie rufen das Tor an, sich zu manifestieren und sich zu öffnen ... Sie spielen mit unserer Stabilität, aber auch mit ihrer, da alles miteinander verbunden ist!”

Die Worte meiner Mutter schockierten mich. Langsam wusste ich nicht mehr, was ich noch glauben sollte. War der Mensch vielleicht doch so verdorben, wie unsere Tradition schon immer gesagt hatte?

War auch ich verdorben und nicht die “Wegbereiterin”, die ich zu sein gehofft hatte? Mein Horizont verdunkelte sich wieder.

“Deine Gedanken verunsichern mich, Tindrell! Ich kann in Baldrinn niemanden sehen, der das Licht beschmutzt hat. Ich weigere mich! Er hat eine Seele wie wir und riecht nicht schlecht. Selbst Ar Danesill' hat das festgestellt! Er hat ihn in dem geistigen Netz befragt, in dem er gefangen gehalten wird. Ich habe sogar meine Schwestern Talisenn und Gwandenn den Schleier weben sehen, der ihn umgibt. Dass sie das so voller Zorn getan haben, hat mich sehr geschmerzt, denn ihr Groll war auch gegen mich gerichtet ... als wollten sie sich rächen. Siehst du jetzt, dass Hartherzigkeit kein 'Privileg' der Menschen ist?

Komm mit mir an den Ort, wo er gefangen gehalten wird wie ein gefährliches Tier. Ich schäme mich für unser Volk. Bisher hatte ich es nicht zu so etwas fähig gehalten und erst recht nicht dazu, andere Lebewesen zu verachten ...

Auch Baldrinn muss die dröhnenden Erschütterungen gehört haben, er muss sich fürchten. Er ist so allein ... er hat nur mich."

"Ist es wahr, was über den Grund seiner Anwesenheit gesagt wird?"

"Er hat einen mächtigen Ruf gehört, der ihn zu mir führte. So mächtig, dass er ihn nicht ignorieren konnte. Er dachte nur noch daran, mich wiederzufinden. Außerdem hat er mir gesagt, dass seine Götter einen Pakt zwischen uns geschlossen haben."

"Seine Götter, Gwenedys? Es gibt keine Götter, das weißt du!"

Entmutigt blickte ich Tindrell an. Immer und immer wieder kam man mir mit denselben Argumenten ...

"Aber auch ich habe diesen Ruf gehört! Er ist so stark, dass ich nicht mehr zurück kann. Er hat mich schon verwandelt ...

Ich bin nicht mehr gänzlich eine Elfe, aber auch noch kein Mensch. Meine Seele dürstet es nach einem inneren Raum, sie will sich auf eine andere Weise weiterentwickeln. Ich bin am Ende meines Elfenweges angelangt, das ist für mich eine innere Gewissheit!"

"Der Mann hat dich verhext! Was schert eine Luftelfe ein Pakt der Außenwelt? Das widerspricht allen unseren heiligen Gesetzen. Wiederhole weder vor dem Rat noch vor Ar Danesill', was du mir gerade gesagt hast."

"Oh, ich kenne nicht alle Antworten, Tindrell, aber es gab auch noch zwei Begegnungen mit einem Lichtvollen ... Und ja ...", fügte ich mit gesenktem Blick hinzu, als sei ich überheblich gewesen. "Der Lichtvolle hat mich ermuntert, zu den Menschen zu gehen. Ihre Welt ist verwundet, das weißt du, und auch wir erleiden ihre Qualen."

Meine Antwort machte Tindrell so sprachlos, dass sie sich setzen musste, um nicht ins Straucheln zu geraten, und die Augen schloss, als sei ihr etwas Undenkbares widerfahren, das ihre innere Stabilität ins Wanken brachte.

"Bist du etwa ein Elfen-Kanal geworden, dass ein Lichtvoller sich an dich gewandt hat? Weiß Ar Danesill' davon? Du musst ihn darüber in Kenntnis setzen, dann wird er den maßlosen Zorn unseres Landes gegen den Menschen und deine Abtrünnigkeit beschwichtigen können. Unser Gleichgewicht ist zerstört. Schon jetzt ist Tellendrach' gespalten, und einige wollen den Eindringling durch herbeigeführten Wahnsinn aus dem Weg räumen. Astalann ist ihr Anführer."

"Ar Danesill' ist mir nicht feindlich gesinnt. Aber begleite mich doch lieber zum Kreis der Großen Eichen ... Baldrinn erwartet mich dort ..."

"Die Wächter werden uns sehen. Sie sind in Alarmbereitschaft, und ich fürchte sie! Du kennst doch die Gesetze darüber *'Was in unserer Welt zu sein hat'*? Du weißt, was sie für jene bereithalten, die dagegen verstoßen ..."

"Sind wir jetzt etwa schon so geringschätzig und dumm geworden wie die Krieger der Metallwelt?"

Tindrell sah mich an und stand schließlich auf, um sich resigniert mit mir zum Kreis der Großen Eichen zu begeben.

Baldrinn war noch da, immer noch auf der Hut. Das Rot seines Haars vermischte sich mit dem flammenden Horizont, im Boden hallten noch dumpfe Geräusche wider. Seine Gedanken und Ängste stürmten in unbeschreiblichen Bildern auf uns ein. Tindrell musterte ihn, während sie seinen Seelenduft einsog. Auch sie schien nicht zu finden, dass er schlecht roch.

"Baldrinn, mein Freund ... ", sagte ich sanft, um ihm seine Furcht zu nehmen.

"Frau aus dem Hochwald ... Was geschieht hier? Wer begleitet dich da? Wer ist das?"

"Ich bin mit meiner Mutter gekommen. Gewaltige Beben in deiner Welt haben uns in Panik versetzt. Mein Volk sagt, dass man dich auch nach all der Zeit noch dort sucht und mit unserem Gleichgewicht spielt."

Baldrinn warf Tindrell einen fragenden Blick zu und sah mich dann eindringlich an. Ich verstand, dass meine Äußerung "auch nach all der Zeit" ihn betroffen machte. Sie spielte auf eine Wirklichkeit an, die wir beide nicht fassen konnten.

"Nun, wirst auch du mich verachten, als hätte ich weder Herz noch Seele? Meine Welt glaubt an friedliche Naturgeister. Aber was ich hier gerade als euer Gefangener erlebe, verletzt mich sehr."

Tindrell ergriff das Wort.

"Mensch, du bist in unsere Welt gekommen, ohne eingeladen worden zu sein, und bringst die Ordnung dessen durcheinander, was zu sein hat. Wie kannst du meinen, wir würden uns nicht bedroht fühlen? Jedes Mal, wenn jemand von euch es über die Schwelle unseres Tors schafft, nehmen wir ein bisschen von eurem Pesthauch und eurer Schwere in uns auf. Wir verlieren darüber unser Strahlen und unsere Lebensenergie. Jedes Mal ist es ein Chaos. Das wurde dir bereits mehrfach gesagt."

"Eure Wächter kamen hierher, um mich hier zwischen den Bäumen festzuhalten, als sei ich vergiftet und giftig zugleich."

"Die Priester deiner Welt manipulieren die Energien. Weißt du das?"

"Ich bin kein Druide, aber die Beben treten manchmal auch auf, ohne dass die Menschen unbedingt etwas dafür können. Esus sagt, dass auch die Erde ihre Nöte und Ärgernisse hat ... "

"Esus? Wer ist das?"

"Er ist der Gott der Erde."

"Das ergibt keinen Sinn! Wir verehren die Lichtvollen ... Sie sind der 'Atem', der uns ständig neu erschafft."

Wieder einmal würden wir uns mit denselben Argumenten im Kreis drehen ... Ich unterbrach die mühselige Diskussion, indem ich behutsam versuchte, ihnen versöhnlichere Bilder zu schicken. Dann wandte ich mich an Baldrinn.

“Es spielt keine Rolle, wofür wir auf der einen oder anderen Seite unserer Welt geboren wurden. Baldrinn, mein Freund ... Du fühlst dich verloren, und ich verstehe, wie es dir geht, denn ich kenne das Gefühl, sich auf einer Irrfahrt zu befinden. Mein Herz ist schwer, aber ich fühle noch immer den strahlenden Kristall in seiner Mitte. Vielleicht bin ich abtrünnig, aber verdorben bin ich nicht ... Und ich werde dich nicht im Stich lassen!”

Ein sonderbares Gefühl ergriff mich, als ich zu Ende gesprochen hatte. Ich hatte Baldrinn “mein Freund” genannt ...

Was geschah hier? Ein Hauch von etwas, das vielleicht Liebe war, erfasste uns. Wie hatte sie in diesem Durcheinander entstehen können?

Tindrell grüßte Baldrinn mit einem kurzen Kopfnicken, und ohne, dass ich mich ihr widersetzen konnte, nahm sie mich in einem sternenvollen Rauschen mit ins Herz unseres Landes.

Der Himmel über Tellendrach' war noch immer scharlachrot, aber das Grollen war verstummt. Friedlich nahm sie meine Hand und sah mich mit ihren pechschwarzen Augen eindringlich an.

“Ich habe Angst, aber ich bin bei dir und werde versuchen, dich auf deinem Weg zu unterstützen. Ich glaube nicht, dass du eine Abtrünnige bist. Ich habe mir den Mann mit dem roten Haar genau angesehen. Er will dir nichts Böses, das habe ich verstanden. In ihm ist Licht, daran zweifle ich nicht mehr. Ich habe nur zu ihm gesagt, was ich sagen musste."

Als ich schließlich erschöpft in meinem saphirblauen Blattwerk lag, erlebte ich unsere Begegnung innerlich noch einmal. Ich wollte nicht, dass mein Volk Baldrinn als Feind betrachtete, der besiegt oder verstoßen werden musste. Meine Seele musste langsamer atmen, mein Körper brauchte Entspannung.

"Gehe weiter und bleibe aufrecht", hatte der Lichtvolle mir geraten.

Während meine Gedanken in meiner Seele herumwirbelten, durchbrach plötzlich ein lautes Geräusch die Stille meines Hains. Zwei Wächter bauten sich vor mir auf, ihr langes, hämatitfarbenes Haar umgab sie wie Helme. Ihre gelben Augen ängstigten mich.

"Ar Danesill' verlangt nach dir. Folge uns!"

Im samtigen, rosafarbenen Halbschatten glitt ich hinter die großen Gestalten, um ihnen zu folgen. Wind kam auf, und meine Augen versuchten, den Hochwald mit den gewaltigen Buchen am Horizont auszumachen, wo der Hohe Rat ansässig war. Einen Augenblick später wurde alles von weißer Helligkeit übergossen. Ar Danesill' war da. Meine Verzweiflung verflog im Nu, als seine warme Stimme mich begrüßte.

"Nun, da bist du ja, Gwenedys", sagte der Anführer des Hohen Rates und kreuzte die Arme vor der Brust.

"Da bin ich", antwortete ich zögernd, kniete nieder und grüßte ihn auf dieselbe Weise.

Sein Blick war so weit, dass ich ihn nicht fassen konnte. Sein langes Haar fiel hinter ihm herab, während seine feingliedrigen Hände mich aufhoben.

Meine Gedanken ließen sich kaum noch ordnen, und der "Lebensschlag" in meiner Brust machte, was er wollte.

"Du weißt, warum ich dich vorgeladen habe."

"Aber erhieltest du nicht schon meine Seelenbilder, als der Lichtvolle mich besuchte?"

"Allein die Lichtvollen trüben meinen Blick", erwiderte der Anführer des Hohen Rates schroff.

Ich hatte ihn unbeabsichtigt beleidigt.

Beim Klang seiner nun gar nicht mehr warmen Stimme fing mein Körper an zu zittern. Besser war es wohl, nicht mehr zu antworten. Ich war nichts weiter als ein unscheinbares, verletztes kleines Tier. Ar Danesill's Augen musterten mich, als belog ich ihn, als sei ich plötzlich eine aus der Metallwelt, widerlich und abstoßend.

Ich sank auf den Boden. Es fehlte mir an Lichtatem.

"Sprich ... was hat er dir gesagt?", begann Ar Danesill' wieder in strengem Tonfall.

"Er hat mir verkündet, dass ich eine Trägerin des Lichtes bin ... eine Elfe, die den alten Reigen durchbricht, keine Abtrünnige."

"Du lügst! Du hast gelernt zu lügen ..."

Jäh erhob sich ein mächtiger, kühler Wind im Hochwald des Rates. Eine Böe ließ tausend Funken über meinen Körper stieben, und meine Lider schlossen sich für einen Moment.

Vor uns begann sich eine unsagbar weiße, riesige Gestalt abzuzeichnen. Ihr Licht überwältigte unsere Augen, und Ar Danesill's Wohnstätte wurde von einer unglaublichen Welle der Liebe überflutet. Zwei riesige Augen erschienen, so golden wie reiner Bernstein, und eine Stimme so warm wie Honig übergoss uns mit ihrem Feuer ...

"Ar Danesill'!"

Ich kannte diese Stimme. Sie gehörte IHM!

"Michael[14] ... !", rief der Anführer des Rates und sank vor dem Lichtvollen auf die Knie.

"Was ich hier sehe und beobachte, betrübt mich. Ich sehe nichts als Trennung und Stolz. Deine Aufgabe ist es, das Gleichgewicht deines Volkes zu bewahren, und nicht, einen narzisstischen Kult der Überlegenheit über die Menschen auf der Erde zu pflegen. Ihr hängt von ihnen ab wie sie von euch. Zum Ungleichgewicht wie auch zum Gleichgewicht gehören stets zwei.

Hör also auf, die Menschen aller eurer Probleme zu bezichtigen. Kein Leben ist an sich unrein. Wer bist du, dass du darüber entscheiden und über die Freiheit verfügen könntest, Manifestationen des Lebens abzulehnen?

14) Da die Lichtvollen in ihrer Natur den Erzengeln entsprechen, handelt es sich hier um den Erzengel Michael, den Träger des christlichen Odems noch vor der Ankunft des historischen Christus.

Seht euch an, Wesen des Elfenvolkes! Ihr geratet auf Abwege und verliert euer Licht. Nichts ist ohne Seele."

Der Lichtvolle beugte sich zu mir herab und hielt mir einen hellen Strahl wie eine Hand entgegen, um mich zum Aufstehen aufzufordern.

"Was diese Elfe betrifft, so lügt sie nicht. Sie wurde auf einen anderen Seelenweg gerufen, denn es dürstet sie nach der Sonne.

Etwas anderes erwartet sie, auch wenn sie es noch nicht in aller Klarheit sieht. Lasst sie also ihr Leben selbst in die Hand nehmen ... und erprobt die freie Wahl, indem ihr euch den Gesetzen eurer Gruppe immer ein bisschen weniger unterwerft. Ja, manchmal muss ein Weg eine andere Richtung nehmen.

Diese Elfe hat einen Ruf gehört, auch der Mensch mit dem roten Haar. Schon immer hat man das als Wahnsinn, Abtrünnigkeit, Verdorbenheit oder Leichtsinn bezeichnet, aber oft wird vergessen, dass es unvermeidliche Wegbiegungen gibt, die durch etwas Größeres entstehen ... In den Bewusstseinen werden die Fäden geknüpft.

Warum das alles, fragt ihr euch?

Weil die Seele, die im Körper dieser Elfe lebt, sich öffnet. Sie will lieben, helfen und einen anderen Weg gehen als den bereits sehr langen Weg, den sie im Dienste des Volkes von Tellendrach' zurückgelegt hat.

Die Liebe verlangt zuweilen, für die anderen und für sich selbst einen großen Sprung ins Leere zu tun. Durch ihren Wagemut werdet auch ihr wachsen. Also reißt die Mauern eurer eigenen Widersprüche ein!"

“Präsenz ... Ich weiß nicht, ob ich mein Volk besänftigen kann. Sein Zorn und seine Empörung sind groß, und auch seine Spaltung.”

Ar Danesill’ hatte all seine Arroganz verloren.

“Das Leben lässt mitunter ein Verständnis zum Erblühen kommen, von dem dein Volk noch nichts ahnt. Es gibt Begegnungen, die man nicht ignorieren kann. Also tu dein Bestes. Das Elfenvolk ist im Grunde weder gewalttätig noch aggressiv. Ihr wurdet so nicht erschaffen.

Finde wieder zum Frieden, Ar Danesill’!”

Eine neue Woge der Liebe streifte uns, und der Lichtvolle entschwand mit ihr. Es war zu Ende. So machtvoll, so sanft und so stark.

Ich sah, dass Ar Danesill’ zutiefst erschüttert war.

Langes Schweigen folgte. Schließlich tat der Meister des Hohen Rates einen langen Atemzug.

“So sei es! Ich werde deine Wahl respektieren. Ich werde nichts gegen den Mann unternehmen, behalte ihn aber dennoch in der geistigen Umzäunung. Der Zorn der Unseren würde sein Leben gefährden.

Nimm diesen Bernsteinstab, Gwenedys. Er ist kostbar, denn er ist ein Verstärker des Luftäthers und öffnet dir das Tor zum geistigen Gefängnis des Menschen. Geh also zurück zu ihm und versuche, ihm nach besten Kräften zu helfen. Ich werde nun Nebel über eurem Aufenthaltsort verbreiten. So kann niemand eure Bilder wahrnehmen oder euch beobachten.”

7

Baldrinn

Ich wusste, was jetzt zu tun war ... Ich musste mich einnehmen lassen von dem, was in meiner Brust erblühen wollte, und akzeptieren, mich widerstandlos davon erfüllen zu lassen. Ich musste vorbehaltlos in ein anderes Empfinden eintauchen.

Ein Lächeln trat auf mein Gesicht ... Es war so machtvoll, dass es mich in einem schwindelerregenden Wirbel davontrug. In meine Brust kehrte wohltuende Ruhe ein.

Baldrinn stand noch an derselben Stelle. Er versuchte, den immer stärker werdenden Nebel um ihn herum zu durchdringen.

Ohne zu zögern beeilte ich mich, mit dem Stab, den Ar Danesill' mir anvertraut hatte, in seinen Kreis zu gelangen.

Unsere Blicke begegneten sich und umarmten sich fast ... ein Zeichen unserer Verbundenheit. Wie hätte ich mir eben noch ein solches Glück erhoffen oder vorstellen können? Wie hatten wir beide uns aus so unterschiedlichen Welten finden, erkennen und berühren können? Wie hatte ich mir nicht eingestehen können, dass ich Baldrinn liebte?

"Gwenedys ... Also hast du es durch den Schleier geschafft? Kannst du dir vorstellen, was ich fühle?"

Ich sagte ja, aber dass es noch so vieles gab, was ich erst verstehen musste. Dann schmiegte ich mich in die Arme des Mannes, und wir glitten in eine Art sanftes, grünes Licht ... das Licht unserer schönen Jahreszeit, das plötzlich etwas zwischen uns entstehen und erblühen ließ, was wohl Liebe war.

Ich schnupperte am Hals meines Gefährten und fuhr mit den Fingern durch sein Haar. Ich wollte so sehr fühlen, wie es war, "Mensch zu sein", wollte irgendeinen "Zugangscode" zu ihm finden. Ja, ich war mir sicher: Die Liebe konnte einen wahren Durchgang zwischen unseren Welten schaffen.

Baldrinn weinte. Er wusste, wie das ging. Er schluchzte heiser, und seine Augen benetzten meine Haut mit salzigem Wasser. Um uns herum färbte das Licht sich golden und ließ uns erstaunt noch tiefer in unser Bewusstsein und unsere Herzen eintauchen.

"Ich hatte geglaubt, du würdest nie mehr zurückkommen", sagte Baldrinn, als er wieder zu Atem gekommen war.

"Ich auch, aber ich erhielt Hilfe. Ein Lichtvoller ist eingeschritten, um uns diese Momente in Freiheit erleben zu lassen. Ar Danesill' hat Nebel über diesen Ort gelegt. Niemand kann uns hier sehen oder unsere Bilder wahrnehmen."

"Einer deiner Götter ist für dich eingeschritten?"

"Kein Gott, mein Freund, ein Lichtvoller. Er heißt Michael."

"Dann siehst du also, dass es tatsächlich für unsere Seelen einen Ruf gab, eine Art Pakt zwischen unseren Welten!"

“Ich sehe es, und vielleicht ist das wirklich der Pakt, von dem du seit deiner Ankunft sprichst. Aber ich glaube, dass dieser Ruf auf vielen Ebenen ertönt ist. Ich bin nicht mehr dieselbe, Baldrinn! Ich verändere mich in jedem Augenblick, aber ich kann nichts daran ändern, es ist stärker als ich und alle unsere Gesetze.

Weißt du ... Vor dir war es mir nicht möglich, ‘ich’ zu denken. Nur ‘wir’ verstand ich. Der große Wirbelwind der Verwandlung, den wir gerade erleben, hat auch mein Volk erfasst. Manche möchten daraufhin etwas tun, andere stellen sich Fragen. Es ist, als würde uns ein Tor zu einem anderen Bewusstseinszustand angeboten ... Es ist viel größer als ich, als wir alle!”

Baldrinn legte den Kopf an meinen Hals. Langes, ruhevolles Schweigen stellte sich ein, und etwas Zärtliches und Leichtes umgab uns. Alles andere war unwichtig geworden. Es gab nur ihn und mich, nur noch meinen durchlässigen Körper, der nichts vom Fleisch und der Macht der menschlichen Sinne wusste, und seinen Körper, der Bekanntschaft mit meinem Lichtgewebe machte.

Was zwischen uns geschah, war wie süße Gewalt, die wir einander antaten. Wir legten an einem Kontinent an, der uns völlig unbekannt war!

Die Wärme menschlicher Haut zu spüren und herbeizusehnen, um zu erleben, wozu meine Sinne wirklich fähig waren ... Noch wenige Wimpernschläge zuvor hätte ich das für unmöglich, ja unvorstellbar gehalten.

Waren Menschen in der Liebe besser als Elfen? Hatten sie eine Kunst aus ihr gemacht, indem sie akzeptierten, sich ihr völlig auszuliefern?

Bisher hatte ich nur Seelenfarben vermischen und unterschiedliche Helligkeiten von Zärtlichkeit miteinander verschmelzen können, nach einem zwar unendlich schönen, noblen Ritual, das aber gleichzeitig so vorhersehbar war, weil es festgeschrieben und immer gleich war.

Mit Baldrinn war es anders. Ich begriff, dass die Sinne, die er mich zu entdecken lehrte, womöglich gar nicht so ungehobelt und armselig waren, wie ich immer gehört hatte.

Ich frohlockte, als ich sah, wie die Sinne, die sich mit dem Atem der Liebe entfalteten, zur Sprache der Seele wurden, sie bereicherten und sie zu Höhenflügen inspirierten.

Dann gab es also keinen einzigen Körperteil, der nicht von Licht erfüllt werden und zu einem göttlichen Gefühl führen konnte!

Das war es ... Ich hatte *das* Wort erkannt und hatte von seiner Essenz gekostet: göttlich! Ich war berührt worden und begann erst jetzt zu ermessen, wie sehr.

Baldrinn schien genauso durcheinander zu sein wie ich. Wahrscheinlich entdeckte auch er Neuland in seinem Bewusstsein.

Eines war sicher: Dass er keine Grenzen kannte, machte meinen Horizont zunichte, sodass ich mich schließlich fragte, ob die Elfen unwissentlich eine beschränkte Auffassung von Liebe hatten, ein geistiges Gebilde, das zwar mit den Feinheiten des Lichtes spielte, es aber nie ganz auslebte.

Meine Angst vor der Haut, meine Furcht vor Berührungen und miteinander geteiltem Atem waren bedeutungslos geworden, denn nichts war unrein ... bis auf die Vorstellungen von Verwelken oder Besudelung, die die Freiheit zuließ.

Dann vermischten sich in uns Licht und Fleisch, ein wenig als würden sich beide erkennen und kriegsmüde zugeben, nur einer Wirklichkeit anzugehören.

Nun hatte ich für immer einen Funken des Menschseins in mir aufgenommen, und Baldrinn, wagte ich zu hoffen, hatte vielleicht bemerkt, dass ihm bisher unbekannte "Flügel" wuchsen.

Ich fragte mich: Was, wenn der Körper eines "Eisenwesens" ein Sprungbrett zur Erleuchtung der Seele sein konnte? War der Lichtvolle Michael deshalb in mein Leben getreten, weil ich das verstanden und erfahren hatte?

All das Wunderbare erfüllte unsere Seelen mit einem undefinierbaren Duft. Baldrinn sagte, seine Liebe zu mir sei größer als die Zeit und das Leben, und ich lernte, so mutig zu sein, ihm die gleichen Seelenbilder zu übermitteln. Eine leidenschaftliche Woge erfasste uns, die weder er noch ich für möglich gehalten hatten. Unser Leben war auf den Kopf gestellt worden, und wir konnten nicht mehr zurück.

So verging die rote Jahreszeit, in der wir durch unsere Körper eins mit dem Universum wurden.

"Was werden wir tun?", fragte Baldrinn.

"Du weißt, dass nicht nur wir beide in Gefahr sind, sondern auch mein Volk. Das Rot vergeht, und bald werde ich ihnen sagen müssen, was kommen wird. Du gehst hier ein immenses Risiko ein. Ich werde versuchen, vor den Meinen und dem Hohen Rat für dich einzutreten.

Es würde mich so freuen, wenn ich dich den Unseren vorstellen könnte und die Elfen von Tellendrach' dich nicht mehr für verdorben halten würden! Die Vorstellung, wir könnten getrennt werden, ist mir unerträglich, als würde eine Flamme mich von innen versengen ... Fühlst du das auch?"

"Ich bin durcheinander und überwältigt, Gwenedys! Deine Liebe verleiht mir Flügel, sie ist so süß wie eine köstliche runde Frucht. Ohne dich wird mein Leben hoffnungslos erlöschen. Ich fürchte das, was vor uns liegt. Nichts wird einfach sein. Die Deinen werde mich nicht akzeptieren. Ich spüre es im Herzen wie eine schlechte Vorahnung."

Ich ließ Baldrinn nicht aus den Augen; er hatte zwar Angst, aber war auch entschlossen, alles zu versuchen, um von meiner Sippe akzeptiert zu werden. In mir brodelte es, ich musste den Mut finden, zuversichtlich ins Leere zu springen. Hatte der Lichtvolle nicht genau das gesagt? Zuversicht ...

Ich richtete ich mich auf und hüllte meinen Körper in mein Haar. Nur meine opalfarbenen Augen waren noch sichtbar. Ich blickte meinen Freund fest an.

"Gwenedys, meine Geliebte, warum lässt du mich an diesem Ort wieder allein? Erlaube mir, mit zu deinem Volk zu gehen. Vielleicht verstehen sie dann, was mich bewegt, und sehen ein, dass ich kein Chaos in ihrer Welt stiften will?"

"Ohne Ar Danesill's Erlaubnis darf ich dich nicht aus diesem geistigen Gefängnis lassen. Sieh hier, er hat mir einen Schlüssel anvertraut, den ich ihm zurückgeben muss. Ich habe gegen ein Verbot verstoßen, weil ich dir ermöglichte, hierzubleiben, und dich hier versteckte ... und weil ich dich liebe. Wir beide haben hier eine Menge Feinde."

“Nun, wenn dein Volk nichts von uns wissen will, dann komm mit mir in die Eisenwelt, wie ihr sie nennt!”

“Du weißt genau, dass ich nicht in deiner Welt leben kann! Ich bin immer noch eine Elfe ... trotz allem!”

Ich sah, wie Baldrinns Kiefer sich anspannte, seine Augen blickten verloren, die Arme hingen tatenlos herunter. Eine Strähne seines roten Haars zog sich quer über sein Gesicht wie eine zweite Wunde.

“Mein Freund, ich ... liebe dich ... Ich werde mit ihnen sprechen, auch wenn sie nicht ahnen, wie groß unsere Liebe ist, auch wenn sie sich weigern zuzuhören, auch wenn ... ”

“Auch wenn was? Was kannst du mir nicht sagen ... ?”

“Warte auf mich ... Lass uns zuversichtlich bleiben.” Ich hielt Ar Danesill’s Stab empor und schritt über den Saum des Kreises. Die Gestalt meines Freundes verschwand im bernsteinfarbenen Nebel. Hatte ich ihn gerade zum letzten Mal gesehen?

Augenblicklich wurde ich von einer Macht ergriffen, die mich zum Hochwald der Buchen katapultierte, wo sich der Meister des Hohen Rates aufhielt. Sofort fühlte ich mich bis in die Tiefen meiner Seele durchleuchtet. Mein Gedächtnis wurde durchforscht, mein Herz in tausend Stücke zerlegt.

Die Wächter waren da und blickten mich feindselig an. Klirrende Kälte packte mich, die Energie schwand aus meinem Ätherkörper. Es war zu spät ... Es gab kein Entkommen mehr. Ich war wie eine Gefangene in meiner eigenen Welt geworden.

“Du bist zurück, Gwenedys ... ”, rief Ar Danesill’. “Hast du den Stab? Der Mann ist dir nicht gefolgt?”

“Nein ... Ohne deine Erlaubnis hätte ich ihn niemals mitkommen lassen.”

Große Übelkeit ergriff mich, dann ein starker Schwindel. Meine Seelenbilder wirbelten durcheinander, bis ich vor dem Anführer des Hohen Rates zusammenbrach. Ich glaubte, mein Leben ginge hier zu Ende ... einfach und still, wie ein Blatt, das sich müde vom Baum löst.

Wenige Schattenwirbel später lag ich auf dem Moos vor Ar Danesill’s Wohnstätte.

“Weitere Worte von dir erübrigen sich, Gwenedys, ich habe bereits alle deine Bilder ergründet und gelesen. Ich verurteile dich nicht, auch wenn ich deinen Wunsch nach Eigenständigkeit nicht verstehe. Allerdings ... kann ich den Menschen nicht bei uns leben lassen. Die Schwingungen des Eisens sind zu niedrig für unser Volk. Sie ängstigen es. Sie erschweren und stören die Arbeit der Elfen. Zu viele kümmerliche Frequenzen, die uns erfassen und unsere Welt hinabziehen können.”

“Hinab? Nicht alle sind so, du irrst dich! Was ich von Baldrinns ‘Innerem’ kennengelernt habe, ist lichtvoll, lichtvoller als viele Seelen hier, die sich anmaßen, ihn zu verurteilen. Seine Art zu lieben ist mächtig wie Feuer. Ich sage dir, bei uns weiß man nicht zu lieben ... Es ist bestenfalls ein Daherstammeln von Liebe!”

“Treibe es nicht zu weit, Gwenedys! Ich weiß, in allen Welten gibt es Seelen, die weiter entwickelt sind als andere.

Aber für diesen Menschen werde ich keine Ausnahme machen. Ich respektiere die Lichtvollen und werde ihm keinen Schaden zufügen, aber meine erste Aufgabe ist es, das Gleichgewicht unseres Volkes zu bewahren."

"Du wirst ihn also in seine Welt zurückschaffen? Er wird dort nicht überleben!"

"Ich werde die Wächter nach einem Tor suchen und ihn hindurchschicken lassen. Er wird dann von einem guten Teil seines Eisens befreit sein, was im Übrigen gut für seine ... Seele ist. Wir werden seine Gedanken durch herbeigeführten Wahnsinn auslöschen. So wird deine Abwesenheit ihm nichts ausmachen."

"Aber hattest du nicht gesagt, dass du respektierst, was wir miteinander haben?"

"Wahrscheinlich habe ich dich ein wenig angelogen. Ich musste es ... "

Seine Worte machten mich einen Moment lang sprachlos. Hatte Ar Danesill' gerade wirklich "angelogen" gesagt? Geschah auch mit ihm eine Veränderung? Entdeckte er die Freiheit des Lügens, ohne sich überhaupt bewusst zu sein, was hier vor sich ging? Ich wagte nicht, ihn darauf hinzuweisen.

"Darum hat der Lichtvolle dich nicht gebeten!", entgegnete ich.

"Ich habe Michael versprochen zu versuchen, die Unseren zu beschwichtigen, aber es ist mir nicht gelungen."

"Sie haben nichts verstanden! Und du auch nicht!"

Ich brach zusammen. Augenblicklich begann eine violette Flüssigkeit über meine Wangen zu laufen und hinterließ einen Duft nach Pfingstrosen, der sich auf dem Moos und den Händen des verblüfften Ar Danesill' verbreitete.

Ein Schleier legte sich auf meine Seele, und ein Kapitel wurde endgültig geschlossen.

Der Meister des Hohen Rates fuhr fort: "Wenn das Tor gefunden ist, werden die Wächter den Mann holen. Ich werde dir dann gestatten, dich von ihm zu verabschieden ... wenn möglich."

"Ich wollte bei ihm leben, aber du hast mich getötet!", schrie ich.

In einer wilden Spirale, außer mir vor Schmerz, glitt ich in einen flammend roten Himmel und wollte mich nur noch in den Tiefen meines Hains vergraben. Meine Seele litt so sehr, dass ich alle Hoffnung verlor.

Dann schlossen sich meine Lider über meinem Kummer, mein Herz taumelte zwischen den Welten, und alles war nur noch Schmerz. Der Graben zwischen mir und dem Elfenvolk wurde schaurig tief.

Plötzlich sah ich alles ... Etwas geschah bei den großen, malvenfarbenen Koniferen von Arwingelys' westlich des Flusses Elmerach'. Dorthin hatte sich das Tor also verschoben! Fast die gesamte Sippe von Tellendrach' war versammelt, und die große Gestalt Ar Danesill's, der eingehüllt in seine Flechten auf den Wurzeln der schönsten Bäume saß, trug seine ganze Macht zur Schau. Das Gift der Eifersucht hatte sie alle erfasst wie eine ungesunde, abscheuliche Woge.

Auch mit ihnen geschah "etwas anderes", aber sie wussten es nicht, denn Angst und Unterwürfigkeit hatten sie jenen aus der Eisenwelt ähnlich gemacht, die sie so verachteten. Auch auf ihnen lastete die Dunkelheit.

Es war eine entsetzliche Vision, aber ich konnte nur tatenlos zusehen. Meine Seele war wie gelähmt von all dem Unglück, und ich sehnte mich nach meiner Familie. Abscheu erfasste mich wie alles verschlingender Morast. Ich hatte geglaubt, fliegen zu können, und mir die Flügel gebrochen. Ich hatte beschlossen, dem Menschen zu folgen, um seine Art zu lieben zu lernen, denn meine Seele wollte so sehr etwas anderes atmen!

Wie konnte die Liebe uns so sehr verbrennen?

So wurde Baldrinn von den Wächtern weggeschafft, die ihn schonungslos durch die Schleuse schickten. Sein Blick war verschwommen, sein Haar leuchtete roter denn je, sein Rücken war gebeugt, resigniert. Ich hatte ihn noch nicht einmal wiedersehen können! Auch da hatte Ar Danesill' mich belogen.

Die Meinen standen etwas abseits und beobachteten alles ohne jede Gefühlsregung. Nur meine Mutter und Erdwinn schienen bedrückt zu sein.

Und da schrie ich, in die Flechten gekauert, zornig wie ein Tier, sodass ich mich nicht wiedererkannte. Mein Wesen entleerte sich von einem Schmerz, den ich niemals vorausgeahnt hatte, und meine Augen wurden so groß wie mein ganzes Gesicht. Ich wusste, dass sie weiße Strahlen aussendeten, als wollten sie Licht in das Unfassbare, Unvorstellbare, Undenkbare bringen. Meine Schreie hallten zu mir zurück und machten mein Leid nur noch größer.

Ich stieß einen zweiten Schrei aus, so gewaltig, dass ich in tiefe Bewusstlosigkeit fiel.

8

Nacht der Seele

Es gelang mir nicht, wieder Atem zu schöpfen. Ich war kaum noch mehr als das verzerrte Gesicht, das auf den Boden meines blauen Wäldchens gedrückt lag, mit Händen, die sich an ein paar Zweiglein klammerten, mit einem Körper, der seinen einzigen Grund zu leben verloren hatte ... Baldrinn.

Nichts ergab mehr Sinn, ich war keine mehr aus diesem Volk und auch keine aus der Welt meines Freundes.

Ich war allein, aber es war mir egal, und auch, was meine Sippe jetzt von mir hielt. Sie hatten es nicht geschafft, sich meiner Seele zu bemächtigen und ihr Unehrenhaftigkeit aufzudrücken. Und ich würde mich auch weiterhin dagegenstellen! Wer hätte gedacht, dass dieses Volk, das einmal meines gewesen war, in seiner Ablehnung und Verachtung so weit gehen konnte?

Wie gerne hätte ich mich an den Lichtvollen gewandt, aber ich hatte keine Kraft mehr zu beten. Beten? Auch das war ein ganz neues Bedürfnis für mich ... In mir herrschte eine stockdunkle, klebrige Jahreszeit, die eigentlich gar nicht existierte und weder Farben noch Düfte hatte. Nichts konnte Balsam für meine Seele sein, und ich verlor mich in ausweglosem Nebel. Dann gab es das Nichts also tatsächlich?

Ich wurde fast zerdrückt unter dem Gewicht meiner zunichte gemachten Hoffnungen und meiner Liebe. Nur ein paar Gerüche aus meiner ehemaligen Welt gelangten noch zu mir und hielten mich am Leben.

Was war aus mir geworden? Ich betrachtete meine Hände, mein zerzaustes Haar und die violette Flüssigkeit, die noch immer den Boden benetzte. Ich versuchte, mich in der allumfassenden Schwärze zurechtzufinden ...

Trotz alledem flüsterte mir sanft etwas ins Ohr, wieder "zu mir" zu kommen, und dann schien es, als wollte sich die Dunkelheit langsam auflösen. Es war die Stimme meiner Mutter Tindrell, die verzweifelt versuchte, mich an ihrem Körper zu wärmen. Sie tat gut, diese Zuwendung, und war wohltuend für meinen Körper. Ich versuchte, Bilder zusammenzufügen, war aber noch zu schwach, und meine Seele versuchte vergeblich, ihre in meinem Körper zerstreuten Kräfte zu sammeln. Mein Wesen war nichts als eine Brandwunde.

Meine Mutter wob ein Kleid aus grünen Flechten und purpurfarbenen Pfingstrosen und hüllte meinen Körper fest darin ein, um ihm die Wärme und Energie des Äthers zurückzugeben. Gewöhnlich begrüßen die Elfen so die Geburt einer neuen Elfe.

"Ruhe dich aus, ich werde wiederkommen ... Du warst sehr weit weg, Gwenedys. Ich fürchtete schon, dich nicht wieder zurückholen zu können ...", sagte sie und strich mir ein letztes Mal über den Kopf.

Ich sank an einen anderen Ort ... in der Außenwelt. Ich war dort hingekommen, indem ich einfach meine von der Helligkeit der roten Jahreszeit müden Lider geschlossen hatte, die mir das Augenlicht verdarb. Ich sah mich in diesem bestimmten Wald, in Baldrinns Hochwald, im Farn liegen ... Das Licht war leicht und gedämpft unter den großen Koniferen. Vom Boden stieg der liebliche Duft von Kiefern und Tannen auf, und eine Libelle surrte um mich herum. Sie flatterte zart mit den Flügeln, als wollte sie mir in Bildern die Geschichte der Tage und Nächte, der Sterne, des Mondes und der Sonne ihrer Welt erzählen.

"Woher kommst du? Wer bist du?", schien sie zu fragen.

"Ich bin Gwenedys und bin ... eine Elfe."

"Willst du von deiner Welt nichts mehr wissen?"

"Ich weiß es nicht mehr ... Um das Leben besser zu verstehen, wollte ich trügerische Mauern in meiner Seele niederreißen. Eine Mauer niederzureißen, die das Bewusstsein trübt, ist weder Verbrechen noch Lüge, oder? Ich wollte wagen, durch eine Tür zu gehen, um etwas Größeres zu finden, das Beste, was uns möglich ist. Ist die Freiheit ein Gift?"

"Das weiß ich nicht, ich kenne sie nicht, ich fliege einfach, so wie ich bin ...", murmelte sie und streifte mein Gesicht mit einem letzten Flügelschlag.

Ich weiß nicht, wie lange ich bewusstlos war. Still und stumm lag ich da, bis meine Augen sich plötzlich öffneten ... Die amethystfarbene Helligkeit kündete vom Beginn der violetten Jahreszeit.

Es zerriss mir das Herz ...

Aber als ich mich auf meinem Moosbett aufrichtete, noch ganz in meinen Kokon aus Flechten und Pfingstrosen gehüllt, hatte ich das Gefühl, dass mir gerade etwas sehr Wichtiges gesagt worden war.

Es war wie eine Mahnung, die längst vergangene Unterweisungen der ältesten Elfentradition in mir wachrief. Einer Tradition, die nicht aus Tellendrach' stammte, aber die der Lichtvolle Michael einst der irdischen Elfenwelt überbracht hatte.

Demzufolge war kein Wesen, weder in seiner Welt noch in seinem Reich, zum Stillstand verdammt; es war ein Gesetz der Evolution ... Ein Begriff, den man in Tellendrach' und wohl auch in vielen anderen Elfenländern weder aussprechen noch begreifen wollte.

Diese Tradition besagte auch, dass die Salamander den Schlüssel besaßen und dass ihr Äther von wandelnder Natur war; mit ihrem subtilen Feuer verbrannte sie alles, was am Endpunkt seiner Reife angelangt war.

Somit hatten die Salamander die Macht, für immer die Schwingungsgrenzen zu überwinden! Doch wenn das geschah, gab es kein Zurück mehr. Hatte man die Grundlagen der eigenen Essenz aufgegeben, dann war das laut Gesetz unumkehrbar, denn mit einer Wandlung der Seele war nicht zu spaßen.

Es war die leuchtende Hoffnung, die ich so sehr brauchte ... Hatte der Lichtvolle sie mir gesandt? Wie konnte ich noch daran zweifeln?

Aber wie sollte ich mit dem Volk der Salamander in Verbindung treten? Wo war es?

Natürlich war es überall, denn das Feuer war ja in allem, gut versteckt in allen Äthern. Aber genau das machte es so schwer zu fassen!

Insofern bedeutete “überall” eigentlich auch “nirgendwo” ... Eine Sichtweise, auf die Baldrinn mich hingewiesen hatte, als er von Lugh, dem “Vater seiner Götter”, sprach. “Lugh ist überall”, hatte er gesagt. “Deshalb finden die Menschen ihn nicht, weil sie in seinen Falten leben.”

“Dann ist das damit gemeint, den Reigen zu durchbrechen”, überlegte ich. “Nein, ich werde niemals bereuen, mutig gewesen zu sein.”

Wieder ganz auf mich gestellt, wuchs meine Entschlusskraft, aber die Herausforderung war deshalb nicht kleiner geworden. Wenn die Salamander den Schlüssel zur Verwandlung besaßen, wohin musste ich mich wenden?

Ich wusste, wie ich jene aus der unterirdischen Welt erreichen und meine Seele mit jenen verbinden konnte, die die Flüsse und Seen bevölkerten, aber wo waren die Geister des Feuers zu finden? Im Gegensatz zu den Menschen, die sie brauchten, um sie zu wärmen und zu ernähren, hatten die Elfen kein Wissen darüber, wie man mit den Salamandern in Kontakt trat. Sie kamen überall mit ihnen in Berührung, ohne sie je zu sehen; für sie waren die Salamander gleichsam das Mysterium des Äthermeers.

Gab es in Tellendrach’ irgendeinen Ort, an dem ich jemals einem Blitz oder dem Knistern eines Blitzschlags begegnet war, oder trugen vielleicht schon kleinste Funken das Feuer in sich? Nein ...

In meinem Kopf wurde es wieder leer ... und dann machte es plötzlich klick. Was, wenn das Tor, die Schleuse, ja alle Schleusen in Tellendrach’ und anderswo in Wirklichkeit das Feuer waren? Woraus bestand denn eine Schleuse? Welches

Prinzip wirkte darin? Sie war wie ein knisternder Wirbel aus Nebel und Licht ...

Wenn die Erdgeister mit ihr umgehen und sie versetzen konnten, dann, weil sie genau wussten, wie sie beschaffen war und wie man sich ihr zu nähern hatte.

Auch ich hatte mich dem Tor genähert ... aber auf welche Weise? Jedenfalls nicht so, dass ich in Verbindung mit der Kraft getreten war, die sich darin ausdrückte ... Ich war nur durch sie hindurchgegangen.

Diese Gedanken wühlten mich wieder auf. Das Tor war mehr als ein Zugang zur Außenwelt. Vielleicht war es zugleich das Tor, das in die Welt der Salamander führte.

Ich musste es erfahren, und was blieb mir auch anderes übrig, wenn man bedachte, wie weit ich schon in meinem "Wahnsinn" und in meiner Verzweiflung gekommen war?

Ich richtete mich auf, nahm meinen Schleier aus Flechten und Pfingstrosen ab und glitt mit einer einzigen Regung des Herzens dorthin, wo ich die Schleuse zuletzt gesehen hatte: westlich des Flusses Elmerach'.

Die großen, malvenfarbigen Koniferen von Arwingelys' standen ganz in der Nähe, von hohem Farn umgeben. Ich glitt dorthin, angezogen von einem Lichtschein, der von dem Durchgang stammen musste.

Ich spürte eine leichte Lichtverschiebung, und der Farn sank zu Boden, als hätte ein subtiler Kraftwirbel ihn niedergedrückt.

Ich hatte mich nicht geirrt! Das Tor war da, ich hörte sein Licht knistern. Aber nicht auf den von seiner kreisförmigen

Strömung verursachten Sog musste ich meine Aufmerksamkeit richten, sondern auf die sonderbare "Materie", die den Umriss des Wirbels bildete.

Ich ließ meinen Blick hineintreten ... was bei den Elfen etwas Ungehöriges war, da man fand, man wolle sich damit "ein Lebensgeheimnis ertrotzen".

Die Elfen versenkten niemals ihren Blick und ihre Seele ins Herz eines Elementes oder einer Kraft. Entweder wurden sie dazu eingeladen oder sie verzichteten anstandshalber darauf. Es war eine Weisheit, von der sie glaubten, die Lichtvollen hätten sie ihnen verliehen. Natürlich durchdrangen sich die Geister aller Elemente gegenseitig, aber keiner von ihnen würde in der Wirklichkeit der anderen herumstochern.

Also wagte ich etwas Verbotenes ... einmal mehr! Ich tat es mit einer seltsamen, verzweifelten Hoffnung, wohl weil ich es als letzte Chance sah, wieder den Menschen näherzukommen und Baldrinn zu finden. Aber da kam mir eine andere Befürchtung ... Durfte ich meinen Geliebten in der Eisenwelt überhaupt wiedersehen? Wenn nicht, würde meine Elfenseele verdorren.

Also näherte ich erst meine Hände, dann mein Gesicht und dann meinen Körper dem knisternden Tor, bis ich merkte, dass es an mir "züngelte" ... und mich plötzlich verschluckte. Ein eisiger Schauer durchfuhr mich ... dabei hatte ich erwartet zu verglühen! Es war so kalt, dass ich glaubte, innerlich zu zerspringen. Innerhalb eines Augenblicks begriff ich, dass diese Kälte nur eine Abstufung von Wärme war, nicht ihre Abwesenheit ... ein Zustand des alles bewohnenden Feuers.

Ich weiß nicht genau, was sich in mir verwandelte. Es war mysteriös ... Ich sah nur mächtige, goldsilberne Flammen, mit unzähligen Augen, die sich öffneten und wieder schlossen und mich zugleich unentwegt anstarrten. Die Salamander ließen mich wissen, dass meine Seele vielleicht nicht mehr in die Elfenwelt zurückkehren konnte.

Sie wogten dahin, und irgendetwas änderte sich in meiner Struktur. Ich bekam Panik ... Wohin würde mich das alles führen? Vielleicht würde ich einfach aus meiner Welt verschwinden, vergehen, weil ich zu viel gewollte hatte, und nie wieder den Weg in die Außenwelt finden.

Allmählich wuchs das Bedürfnis in mir, aufzugeben ... Um mich herum tanzten die Salamander. Sie durchforschten mich nicht, wuschen nur ein Äußeres von mir ab, das ich nicht mehr wollte. Sie verlangsamten mein inneres Feuer, um ein anderes zu entfachen, das genauso wirklich war, aber träger und näher an der Schwingung des Eisens.

Ich erschrak. Welchen Schritt tat ich da ins Unbekannte? Schrie ich? Kein Ton oder Seelenbild drang zu mir. Nur die Idee eines großen Seufzers und eines Namens: Michael. Ich sprach ihn aus ... Wie eine letzte Hoffnung, nicht von etwas Undefinierbarem verschluckt zu werden. An dieser Stelle hörte alles auf ...

Ein simples, kurzes Gefühl des Fallens, und ich fand mich auf einem Grasteppich wieder. Ich brauchte einen langen Moment, um mich aufzurappeln.

Eine Lichtung, Farn, blasser Sonnenschein und eine Fülle von Gerüchen ... Ich war durch das Tor gelangt!

Ich betrachtete die Haut meiner Hände, berührte mich ... Aber ich war nicht mehr ich selbst, das Licht des Elfenvolkes war aus mir verschwunden.

9

Initiation

War es wirklich geschehen, das Undenkbare, das für mich erst etwas Unerhörtes gewesen war, dann Versuchung, dann Bedürfnis und schließlich eine Befreiung, um weiterzuleben, zu hoffen und zu lieben?

Wieder wurde mir schwindelig und verschwamm alles vor meinen Augen. Die Lichtung, die ich gerade erst mit ihrem fahlen Licht und ihrem Farn bemerkte hatte, war schon wieder vor mir verschwunden.

Mir war so unwohl. Mein Sprung ins Leere war wohl zu groß gewesen. Wie stolz ich gewesen war! Meine Hoffnung, mich von der Menschenwelt aufnehmen zu lassen, um das Leben anders atmen zu lernen, war sicher genauso töricht wie der Versuch, in die Welt der Lichtvollen aufzusteigen.

Aufstieg oder Abstieg? Diese Frage hatte ich mir noch nie gestellt.

Als ich den Menschen wiederfinden wollte und ihn dann auch noch liebgewann, war ich da auf- oder abgestiegen?

Die, die einmal "die Meinen" gewesen waren, konnten es nur als tiefen Fall sehen. Aber was besagte die Weltenordnung?

Wo war die Wirklichkeit der Wirklichkeiten? Würde Michael mir wieder die Antwort geben müssen? Mein Unwohlsein besserte sich einfach nicht. Ich sah nichts mehr, der Schwindel trug mich immer weiter fort.

Michael? Wahrscheinlich hätte er mir einfach gesagt, die Antwort müsse aus mir selbst kommen, weil alles, was mich dazu gebracht hatte, etwas zu unternehmen, zu rebellieren und einen Schritt ins Leere zu tun, immer aus meinem Inneren "aufgestiegen" war.

In meinem endlosen Schwindel schienen sich meine Gedanken trotz allem allmählich zu ordnen. Dabei erlebte ich unbeschreibliche Bewusstseinsdurchbrüche, die wie "Sonnenbrand" auf meiner Seele waren und ihr ganze Teile ihrer einstigen Wirklichkeit nahmen.

Ich fragte mich, warum man immer in Kategorien wie auf und ab, mehr oder weniger, gut oder schlecht denken musste. Und es kam mir einfach dumm vor zu fragen, ob die Eisenwelt der Elfenwelt unter- oder überlegen war.

Die Welten und Universen waren, wie sie waren: Geschwister, Cousins, Nachbarn, welche Bezeichnung war richtig? Alle waren ineinander verschachtelt, mit ihrer eigenen Sonne, ihrem Licht, ihrer Zeit oder Nichtzeit und ihrer inneren Logik ... Alles im Dienste ... ja, in wessen Dienste eigentlich, und vor allem aus welchem Grund? Wenn es eine einzig wahre Frage gab, dann diese. Warum hatte das Leben so viele Facetten? Hinter jeder verbarg sich unweigerlich eine Kraft, die sie zusammenführte.

Waren es die Lichtvollen? Was wussten wir über sie? Vielleicht waren auch sie ja nur Vermittler, die einzige Kraft, die fähig war, die Geister der Elemente und des Äthermeers zu verstehen. Vielleicht lag ein Teil der Antwort ja auch in der Eisenwelt ...

Sicher schien mir nur, dass hinter all dem nur die Liebe stehen konnte oder eine Macht, die sie auf tausenderlei Weisen zum Ausdruck brachte.

Dann war also die Liebe meine Triebfeder gewesen ... auch wenn es nur die Liebe zur Freiheit gewesen war, zu "etwas anderem" als dem festgefahrenen Atmen immer gleicher Augenblicke.

Eine unbestimmte Zeit lang blieb ich so, ohne zu wissen, ob ich gerade verbrannte oder mich in eine andere Wirklichkeit hinein erweiterte, die begann mich zu akzeptieren.

Plötzlich mischte eine Stimme sich in meinen Schwindel.

"Es gibt keine andere Wirklichkeit, die beginnen müsste, dich zu akzeptieren! Du bist es, die sie in dir selbst akzeptieren muss! Suche nicht woanders."

Ich wusste nicht, woher die Stimme kam, aber natürlich hatte sie recht. Vielleicht kam sie ja sogar aus mir selbst ...

Die Begegnung der Universen, ihre gegenseitige Zähmung konnte nur in uns selbst stattfinden. In meinem Herzen ... in unserem Herzen!

Ich wusste nicht, ob die Zeit zum Stillstand gekommen war oder sich in die Länge gezogen hatte, als ich durch das Tor gegangen war. Es war nicht mehr wichtig ... Aber ich hatte das Gefühl, dass ich in diesem "Raum" unterwiesen worden war und eine Intelligenz mich auf die Schwingung des Eisens vorbereitet hatte, damit sie mir angenehmer war ... nicht als Geschenk, sondern als logische Folge der Arbeit meiner Seele an sich selbst.

Diese Intelligenz hatte mir begreiflich gemacht, dass Raum und Zeit nicht unbeweglich in sich selbst geschlossen waren. Jede Lebensform war fähig, einen Sprung hin zu einer anderen zu machen, jedes Reich konnte sich zu einem anderen hinbegeben oder ein anderes in sich aufnehmen.

Woher kamen die Lichtvollen? In jedem Fall aus einem Universum, das vor unserem entstanden war. Woher kamen die Menschen? Natürlich aus derselben Quelle wie sie, die Elfen und alles, woraus die Natur bestand ... und auch die Natur aller Naturen.

Der Plan des Lebens war es, dass alles sich begegnete und lernte, sich zu vermischen und miteinander in Einklang zu kommen. Deshalb war das dahinter Verborgene sicher darauf bedacht, überall Kraft, Mut und Kühnheit auszusäen.

Das zu verstehen hieß also, alles zu versuchen und zu wollen, auch auf die Gefahr hin, ausgeschlossen und verflucht zu werden.

Ich sollte mich glücklich schätzen, alles versucht zu haben, um das Beste aus dieser Saat zu machen. Ich wusste, dass ich eine neue Lebensweise erlernen musste, aber auch, dass dies ein Weg war, um neu geboren zu werden und mir neu die Augen zu öffnen.

Ich musste mir selbst versprechen, nicht nachzulassen in dieser Welt, die ich bat, mich zu akzeptieren. Niemals!

Langsam ließ das Schwindelgefühl nach, bis es schließlich ganz verschwand. Ich befand mich "in" einer Materie, die ein Gewicht hatte, erdig nach Farn roch und so etwas wie Sonnenlicht hatte, das Sonnenlicht der Menschen. Mein Kopf hob sich ... und ein Name kam zu mir, den ich "früher" schon einmal gehört hatte: Land des Hochwalds! Ich war angekommen, am Boden zerstört und wieder aufgestanden. Es war, als käme ich aus einem Traum ...

Ich stand auf und konnte mich auf den Beinen halten. Sie waren schwer, und ich sah, wie Gras und Farn sich darunter bogen. Das war sonderbar, weil ... es fast gut war, vielleicht sogar richtig gut. Auf meiner Haut entdeckte ich ein paar Falten, unter denen bläuliche Bäche flossen ... Blut.

War Blut wirklich so schrecklich, wie die Beschreibungen behaupteten, die mein Elfengedächtnis noch in sich trug? Es konnte doch auch etwas ganz anderes sein als der Inbegriff von Gewalt, Grausamkeit und Tod ...

Es stand auch für das Herz, das Geben, die Kraft der Liebe. Es hatte schon immer in allen Welten existiert! Nur seine Farbe, sein Licht und seine Substanz veränderten sich. Flüssigkeit, Luft oder reines Licht ... es war ein und dasselbe. Denn das Göttliche musste seine Lehren nach der Vielzahl der Augen und Ohren erteilen ...

Hier in der Eisenwelt, im Land des Hochwalds, war es rot, und ich würde die Wärme seiner Farbe lieben ... ja sogar seinen Eisengeruch.

Plötzlich erkannte ich, dass ich gerade in mir selbst das Bild des Göttlichen heraufbeschworen hatte. Hatte ich es also nun verstanden, oder vielleicht sogar schon immer, ohne es anrufen oder es mir selbst eingestehen zu können? Wir können nicht ewig leugnen, woraus wir gemacht sind ...

Ich ging los und steuerte auf eine Stelle zu, die nicht so vom Blattwerk überwuchert schien: Es war ein großer Kreis aus verwirbeltem, umgeknicktem Gras. War es das, was ich suchte? Es waren immer noch Kaninchen da, doch bei meiner Ankunft stoben sie unter den Farn davon. Die Natur war rotbraun, keine Libelle umflatterte mich mehr.

Vor dem Kreis aus Gras erahnte ich einen Umriss, eine graue Masse. Es war eine Hütte aus Holz, also toten Bäumen, nicht aus geflochtenen Blättern. Auch das musste ich lieben lernen ... den Dienst, den der Baum erbracht hatte, die Großzügigkeit, mit der er sich einer anderen Lebensform geöffnet hatte.

Hinter dem Häuschen schlängelte sich ein Fluss zwischen ein paar Felsen hindurch, und an meine Ohren drang Vogelgezwitscher, wie um mich einzuladen.

Ich ging weiter, doch das Rascheln meines Kleides auf dem Boden störte mich. Ich hielt inne, um das Kleid zu betrachten ... Bisher hatte ich es mich nicht weiter gekümmert.

Ich berührte es ... Es war rau und matt, wie Moos in der violetten Jahreszeit. Es war ein einfaches Kleid, und ich vermutete, auch dieses müsse einfach dafür geliebt werden, was es bei den Menschen war: eine gewebte Pflanze und ein Geschenk der Natur.

Ich ging weiter auf die Hütte zu. Daneben war eine Art Sitz, der in die Überreste eines Baumstamms gehöhlt war ... und auf dem eine Gestalt saß. Es war die Gestalt eines schlafenden Greises.

Ich näherte mich ihm und betrachtete wie von einem Instinkt geleitet sein Gesicht, das teilweise von langem, verfilztem, weißem Haar bedeckt war. Ich kannte ihn, ich wusste es ...

Plötzlich entdeckte ich die Spur einer großen, alten Narbe auf seiner rechten Wange. Ich war fassungslos.

Es war Baldrinn, mein geliebter Baldrinn! Aber er war so alt geworden ...

Sofort begann etwas in mir aus tiefster Seele vor Freude und Dankbarkeit an das Leben zu weinen. Niemals hätte ich gedacht, meinen Geliebten wiederzufinden, da die Salamander mich gewarnt hatten, es stünde nicht in ihrer Macht, über das Schicksal der Seelen zu entscheiden.

In meinen Kopf drang eine Stimme wie ein Geschenk. Es war die Stimme von Michael. Er führte mich auch jetzt, auch wenn er unsichtbar blieb. Da war ich mir nun ganz sicher!

“Du bist in deinem neuen Heimathafen angekommen. Dein Leben wird sich in der Welt der Erde und des Blutes fortsetzen, und deine Seele wird auf eine andere Weise erblühen. Der freie Wille, den du entdecken wirst, wird dir viele Wege eröffnen! Du wirst sie erleben ... Dunkel und Licht, Nacht und Tag.

Du bist endgültig durch das Tor gegangen, um hier zu wandeln wie eine Pilgerin, die darum weiß, wer sie ist. Jeder Weg ist ein Lehrmeister.

So wirkt das Sonnenprinzip, Gwenedys. Es ist überall und immer am Werk und lässt uns die Winkel des Unbewussten und des Bewussten erforschen. Es lässt uns alle Gipfel erklimmen und auch alle Abgründe, die der Seele beständig auflauern.

Du hast dein Recht auf freie Wahl eingefordert, denn du warst am Ende deines Elfenweges angekommen. Du hast es erlangt. Nun hängt mehr als je alles von dir ab, von deinem Weg, deinen Taten und deinem wachsenden Mut.

Lass niemals deine Seele in Schlaf und Illusionen versinken! Denke auch daran, dass Abstumpfung eine heimtücksche Krankheit mit tausend Gesichtern ist, aber die Liebe ein Muntermacher für den, der von ihr ergriffen ist."

Langes Schweigen folgte diesen Worten. Sie hinterließen immensen Frieden in mir, denn alles war damit gesagt worden.

Ich kniete neben meinem Freund nieder. Er war in Lumpen aus Tierhäuten und ausgeblichenen Stoffen gekleidet und so sehr gealtert! Er wirkte so kraftlos und müde! Würde er mich wiedererkennen? Ich begann zu hoffen, er würde auf seiner improvisierten Bank auf "etwas" warten.

"Baldrinn, Baldrinn, mein Freund ... ", flüsterte ich ihm ins Ohr, während er noch schlummerte.

Überrascht vom Klang meiner Stimme öffnete er halb die schweren Lider. Seine Augen waren von Kummer erfüllt.

Sein Blick hatte sein ganzes Strahlen verloren und schien hoffnungslos. Wie viel Zeit war für ihn vergangen, seit die Wächter ihn in die Schleuse gestoßen hatten? Er hatte sich schrecklich verändert und war doch derselbe geblieben.

Vielleicht hundert Menschenjahre, mutmaßte ich. Die Zeit, aus der ich kam, war so anders als diese!

“Erkennst du mich, Baldrinn ... ?”, fragte ich immer wieder, während ich sein Gesicht in meine Hände nahm.

Ich betrachtete jede Falte, die seine Haut durchzog, und die kleinen Sonnen, die wie unvollendete Strahlen seine Augen umgaben. Ich liebte sie sofort, diese Falten ...

Sie erzählten von unserer Geschichte, unserer schmerzhaften Trennung ... Ja, in der Eisenwelt konnte es vorkommen, dass das Fleisch weinte, sich aber zugleich tief im Inneren liebevolle Erinnerungen bewahrte ... und was ich darin las, war wunderschön.

“Gwenedys, bist du es?”, fragte Baldrinn mit matter Stimme. “Dann wurden meine Gebete erhört ... Oh ... Ich glaubte, ich würde dich niemals wiedersehen ... Wenn du wüsstest ... Seit all der Zeit, dieser Ewigkeit, Tag für Tag, Nacht für Nacht, seit die Wächter mich aus deiner Welt warfen, war ich immer hier an meinem *Feenkreis* ... ”

Er schluchzte. Sein Körper und seine Seele waren erschöpft ... Ich ergriff seine Hände, um meine Kraft mit ihm zu teilen.

“Was tust du in dieser Hütte? Wo sind die Deinen, Baldrinn? Wo ist dein Land des Hochwalds?”

“Nachdem man mich in das Tor gestoßen hatte, fiel ich in tiefe Bewusstlosigkeit. Als ich erwachte, lag ich mit dem Gesicht im Gras des Kreises. Ich weiß immer noch nicht, wie viele Tage nach meinem Fall durch das Tor vergangen waren. Ich war völlig verloren und niedergeschmettert.

Nach und nach fiel mir alles wieder ein. Ich erinnerte mich an die letzten Momente in deiner Welt und an das Urteil des

Hohen Rates. Man hatte mich ausgestoßen und unbarmherzig nach Hause geschickt.

Als ich in meinem schmerzenden Körper aufstand, betrachtete ich meine Hände, meine Kleidung, berührte mein Gesicht ... Aber ich war nicht mehr derselbe. In wenigen Augenblicken war ich um viele Jahre gealtert.

Auf Pfaden, die kaum noch wiederzuerkennen waren, fand ich mühselig zurück zu meiner Behausung im Hochwald. Es war von einem Mann und einer Frau bewohnt. Als ich sie befragte, stellte sich heraus, dass alle, die ich gekannt hatten, tot waren.

So viele Jahrzehnte waren vergangen, Gwenedys! Alle waren gestorben, auch ich galt als tot und war nur noch eine vage Erinnerung. Deshalb hatten sie mein Haus und mein Land übernommen. Keine Druiden waren mehr da und keine Freunde, ich war allein und nichts weiter als ein Greis, der zum Betteln verdammt war.

Zum Glück bot mir der Mann, der mein Haus übernommen hatte, diese Hütte hier auf meinem einstigen Land als Schlafstätte und zum Schutz vor Unwetter. Er kommt mich oft besuchen und bringt mir Essen, Felle und Holz, um mich zu wärmen, da ich mittlerweile zu schwach bin, um alles noch selbst zu erledigen. Die Tiere sind meine einzigen Gefährten ... Ich habe nichts mehr, aber es ist mir gleich ...

Gwenedys, du hast mein Herz erfüllt und mich atmen lassen ... aber wir wurden getrennt. Bis dahin hatte ich dein Volk nicht für kriegerisch gehalten. Unsere Liebe war ein unverzeihlicher Fehler, und ich sollte mit dem Tod dafür bezahlen, dass ich dich liebte. Aber wie du siehst, bin ich immer noch da ... "

Während ich Baldrinn lauschte, begann ich von meiner Welt zu träumen, als die Elfen einander Seelenbilder schickten, die alles ausdrückten, ohne Verrat, Grenzen oder Lügen. Was war ihm widerfahren? Warum wurde immer alles so kompliziert, sobald sich etwas änderte? Mir wurde ganz übel davon. Ich sah die Brücke vor mir, die ich mit aller Seelenkraft zwischen "meiner" Welt und der Außenwelt hatte schlagen wollen.

Nein, ich würde nicht gegen die ins Feld ziehen, die einmal die Meinen gewesen waren. Auch sie würden lernen, dass Konfrontation immer in den Begrenzungen des Herzens entsteht ... ob man Elfe ist oder nicht.

Ich war gekommen, um wie die Menschen lieben zu lernen, meine Seele hatte es verlangt. Ich wollte das Leben nehmen, wie es kam, und die Entscheidungen leben, die es mir anbot ...

Ich kreuzte die Hände vor meiner Brust, fühlte die Wärme meines Fleisches und das Blut, das darin strömte ... Es war faszinierend! Ich würde lernen zu lieben, mich zu vervollkommnen, zu wachsen ...

"Und du, süße Freundin, wie bist du hierhergelangt? Auch du hast dich verändert. Bist du ... wie ich geworden?

Die Nacht bricht an, sieh den Mond. Gehen wir doch hinein, und du erzählst mir alles."

Ein zarter Hauch von Liebe umwehte mich, als ich meine Hand öffnete, um Baldrinns zu ergreifen. Nein, ich hatte mich nicht geirrt ... Trotz der verlorenen Jahre war die neue Freiheit mir lieb in der Seele.

Das Alter? Auch mich würde es treffen. Wenn es eine Krankheit war, musste sie wohl auch ihre Tugenden haben, denn das Göttliche hatte sie ja erdacht und zugelassen, dass sie sich unter den Menschen verbreitete. Das Ewige "nach Elfenart"? Ja, aber um was damit anzufangen? Trotz allem, was man sagte, erkannte ich, dass auch die Menschen versuchten, ihre Welt mit Leben zu erfüllen, auch wenn sie sich vortasten mussten und es ihnen nicht immer gut gelang. Ich empfand ein seltsames, ganz neues Gefühl ... War es ... Mitgefühl?

Baldrinn und ich hatten mit unserer verborgenen Liebe tief in "unserem Wald" vieles miteinander geteilt, was das Leben uns geschenkt hatte. Der Mann, den ich liebte, konnte nicht hoffen, seine Jugend zurückzuerlangen, und auch ich entdeckte die ersten Falten auf meiner Haut.

So war es ... Ich hatte an Anmut verloren ... als hätte das Göttliche alles daran gesetzt, zumindest etwas die Jahre auszuradieren, die den Unterschied zwischen uns ausmachten.

Ich lernte, einen kleinen Garten zu bestellen, und es war ein sonderbares Gefühl, jetzt auf der Seite des Lebens zu stehen, für die ich in einer anderen Zeit so viel gearbeitet hatte. Manchmal kehrte ich mit einem Anflug von Bedauern zu dem Tor zurück ... und dann war eines Tages jede Spur davon verschwunden. Die Adern der Erde hatten sich verlagert.

Niemand aus meiner einstigen Sippe hatte je es gewagt, mir zu folgen, aber im Herzen bewahrte ich mir die Gewissheit, dass meine Rebellion lehrreich für sie gewesen war und sich deshalb auch andere von ihnen den Menschen zuwenden würden.

Eines Morgens flog die Seele meines lieben, alten Freundes Baldrinn glücklich, aber erschöpft davon. Eine schreckliche

Leere, ein Abgrund klaffte auf ... aber an den Tod glaubte ich auch weiterhin nicht, nicht wie die anderen Menschen.

Am Ende holte die Zeit dann auch mich auf dieselbe Weise ein ... wie alle, die mit der Dichte verbunden sind.

Ich behaupte nicht, dass ich niemals wehmütig an das Elfenvolk und sein helles Licht zurückdachte, aber ich wusste immer, dass ich die richtige Wahl getroffen hatte und das Gewicht der Jahrhunderte der unvermeidliche Preis der Weiterentwicklung ist, nach dem alles Leben streben sollte.

So vergingen Jahrtausende, in denen ich von einem Körper zum nächsten, von einer Existenz zu nächsten reiste und das Land Tellendrach' immer stärker in meinen Erinnerungen verblasste.

Ich erlebte tausend Unbilden ... Manchmal kreuzte ich Baldrinns Spur, dann wieder folgte er meiner Seele. Unser Leben als Mensch ist wie ein Labyrinth, in dem wir miteinander ringen, nicht nur, um "den anderen" zu finden ... sondern vor allem, um uns selbst wiederzufinden.

Und dann wurde mir wie zur Antwort auf alten, schmerzlichen Wagemut ein Leben geschenkt, das anders sein würde als alle anderen.

Es geschah vor zweitausend Jahren ... an einem Seeufer in Galiläa.

10

Shlomit oder das zweite Tor

Ich bekam keine Luft mehr, fühlte mich beengt, mein Herz raste ... Ich hörte meine Mutter stöhnen, sie verlor viel Blut und Wasser, und mit dem Kopf zuerst drang ich in meinem kleinen Körper meiner Geburt auf der Erde entgegen.

Der Bauch jener, die mir das Leben schenkte, stieß mich in die Welt, ich konnte nichts mehr daran ändern. Ich ging durch ein weiteres Tor.

Die Stimme eines Mannes, ein Schrei meiner Mutter, dann fiel ich zwischen ihre warmen, feuchten Schenkel. Der Geruch von Blut und Schweiß, vermengt mit Gewürzen und Amber, gedämpftes Licht ... Eine Frau mit großen, flinken Händen fing mich auf und legte mich auf den Bauch jener, die mich ausgetragen hatte. Mir war so kalt ...

Der Mann beugte sich zu mir herab, seine schwarzen Augen starrten mich eindringlich an, und mit rauer Stimme murmelte er etwas, während er die Hand auf meinen Kopf legte. "Shlomit ... du wirst Shlomit[15] heißen. Das wird dein Name sein, meine Tochter!"

---

15) Shlomit: siehe "Jesus' Jüngerinnen", von Daniel Meurois, Verlag „Die Silberschnur" GmbH

Eilig wickelte man mich fest in raue Laken, um mich warm zu halten, und legte mein kleines Gesicht auf die Brust der Frau, die mir das Leben geschenkt hatte. War es denn immer wieder dasselbe, wenn man auf diese Welt kam? Es war grauenhaft!

All die Gerüche und Geräusche ließen mich vor Angst brüllen. Irgendwann schlief ich ein, während ich das Herz meiner Mutter schlagen hörte. Sein Rhythmus war mir vertraut und beruhigte mich.

Ich war das erste Kind einer Familie, die einmal vierköpfig sein würde ... Ein kleines Mädchen mit pechschwarzen Augen, dunklem Haar und kupferfarbener Haut.

Einige Tage später legte meine Mutter mich in einem hellen Leinentuch an ihren Bauch, um mich der Gemeinde an den Ufern von Bethsaida[16] vorzustellen. Ich weinte nicht und wollte nur schlafen. Ich fühlte mich so allein in diesem kleinen Körper ...

Es war ein großer See, an dem Männer und Frauen kamen und gingen. Später erfuhr ich, dass es der See von Galiläa war. Meine Mutter küsste mich auf den Kopf, um mich zu beruhigen, bevor sie sich grüßend die Hand auf die Brust legte und mich den Umstehenden zeigte. "Es ist ein Mädchen, sie wurde vor zwei Tagen geboren, mein Mann hat sie Shlomit genannt." Die Händchen in ihr Kleid gekrallt, betrachtete ich fast verängstigt die unbekannten Gesichter, die mich eingehend musterten ... Eine junge Frau näherte sich lächelnd und streckte uns die Arme entgegen.

---

16) Bethsaida: Geburtsort von Shlomit am Ufer des Tiberias-Sees in Galiläa.

"Nun ist sie also geboren, deine kleine Tochter! Lass sie mich ansehen."

Hastig legte meine Mutter mich in die Arme ihrer Cousine Meryem. Wir waren aus derselben Gemeinde.[17]

Ein schönes, sanftes Frauengesicht beugte sich über mich und drückte mir einen Kuss auf den Kopf ... Meryem roch gut.

Die Monate und Jahre vergingen schnell in unserem Dorf in Galiläa. Es war ein sonderbares Leben für das kleine Mädchen, das ich war. Im Schutze unserer bescheidenen Behausung nahm ich die wabernde Hitze draußen wahr, den Trubel der Männer und Frauen in der Gemeinde, die Gewürze, Mandelbäume, Orangenbäume, Düfte und Rufe der Tiere ...

Mein Vater arbeitete hart, er baute Boote für die Fischer auf dem See. Wir hatten wenig, um zu leben, und der Bauch meiner Mutter war bereits sehr rund. Ein weiteres Kind würde kommen ... Die Jahreszeiten vergingen, zwei weitere Geburten folgten, dann eine dritte. Wir lebten beengt in unserem Häuschen aus Erde und Holz, aber wir waren zufrieden.

Schon sehr jung war ich fasziniert von allem, was gut roch. Deshalb lernte ich, Pflanzen zu zermahlen und einzuweichen, um Öle und Salben daraus anzufertigen. Der Duft der Kräuter berauschte mich und erinnerte mich irgendwie an "etwas anderes" ... Ich liebte auch den Geruch des großen Sees und des Schilfs, das an seinen Ufern wuchs. Oft ging ich dorthin, um zu beten und zu weinen, wie von Wehmut ergriffen, die Füße auf den Kieselsteinen, vor spöttischen Blicken geschützt ...

---

17) Bruderschaft der Essener.

Ich half auch meiner Mutter, die Wolle unserer Schafe zu spinnen. Sie webte uns Mäntel für die kälteren Tage und brachte mir schnell bei, die Arbeit für sie zu übernehmen. Sie machte sich Sorgen, weil ich mich absonderte. Ich war nicht wie die anderen Mädchen im Dorf. Schon jetzt war ich meiner irdischen Natur überdrüssig und träumte oft davon, dass ich fliegen konnte und all das Fleisch, das ich geerbt hatte, nicht mit mir herumtragen musste, um von einem Ort zum anderen zu gelangen. Ich wünschte mir, über die Wiesen und durch das Schilf zu fliegen, denn das erschien mir viel natürlicher!

Schon bald begann ich, die anderen Mädchen und Frauen im Dorf zu beobachten. Ich entdeckte die Zeichen der Zeit an ihnen ... Ich wollte nicht altern und verstand nicht, warum das überhaupt so sein musste.

Meine Mutter sagte mir immer wieder, ich müsse mehr essen, um Rundungen zu bekommen und einen Ehemann zu finden, denn ich sei nun "in diesem Alter". Dann, meinte sie, würde auch endlich meine seltsame Seelenkrankheit aufhören ...

"Deine Seele ist schwer, meine Tochter ... Ein Ehemann wird dir helfen, dich davon zu befreien. Dein Vater und ich können nichts mehr für dich tun. Es ist Zeit, dass du das Haus verlässt und ein eigenes findest."

Eines Tages kam ein Mann aus Jericho zu uns, der fast dreimal so alt war wie ich, und ohne mich zu fragen, "verkauften" meine Eltern mich an ihn, zumindest erlebte ich es so. Meine "Seelenkrankheit" wurde davon aber nur noch schlimmer, und ich wurde immer mehr wie ein kleines, wildes Tier.

Der Mann durfte sich mir niemals nähern. Ich ließ ihn nicht an mich heran, damit ich frei von einer anderen, leichteren

Welt träumen konnte ... Ich sehe mich noch untröstlich auf meiner Matte in seiner herrschaftlichen Behausung liegen, in prächtige, nachtschwarze, bestickte Kleider gehüllt, die Lider geschwollen von einem Tränenmeer.

Erzürnt und gedemütigt durch mein Verhalten, brachte der Mann mich fast unverzüglich zu meiner Familie zurück.

Ich flüchtete mich in einen Winkel meines Elternhauses und zog mich zur Verzweiflung meines Vaters noch mehr in mich selbst zurück. Ich ging nur noch vor die Tür, um am Seeufer zu beten, wo ich auf den Kieselsteinen stand und den Bewegungen des Wassers zusah. Dort träumte ich weiter von einem Land, in dem man fliegen konnte, in dem die Luft leicht und duftig war und in dem es vor allem kein Fleisch gab.

In meinen Gebeten beruhigte sich meine Seele ein wenig ... und man bot mich aufs Neue einem Mann zur Ehefrau an.

Er war ein bescheidener Fischer und hatte zwei Söhne meines Alters. Er war verwitwet.

Ich mochte ihn sofort, denn sein Blick war sanft, und ich las Respekt für mein Leid darin. Er bot mir ein Dach über dem Kopf, weit von den Verurteilungen der anderen entfernt.

Auf der Terrasse unserer bescheidenen Bleibe führten wir wunderbare Gespräche, während wir die Sterne betrachteten. Auch er war fromm, und manchmal hielten wir uns einfach spontan an den Händen wie alte Gefährten, die sich gegenseitig stützten.

Leider war meine Seele noch immer schwer, und mein Körper litt unbeschreibliche Schmerzen. Die Sehnsucht nach *"etwas"* beherrschte mich vollkommen! Also ging ich weiter jeden Tag ans Ufer von Bethsaida und bat dieses *"etwas"*, zu mir zu kommen.

Ich träumte noch immer viel, aber eines Nachts wurde mein Traum wie zu einem Wachtraum ... Ein Mann mit einem fülligen Bart und lockigem Haar trat auf mich zu. Er trug das lange, weiße Gewand der Ärzteschaft. Er sagte zu mir:

"Shlomit, sei morgen am Brunnen, wenn die Sonne sich im Zenit befindet. Erzähle niemandem etwas davon."

Ich hatte den Mann noch nie zuvor gesehen, aber seine Gegenwart war so stark und vertraut ... Am Tag darauf war ich noch ganz durcheinander, aber es kam für mich gar nicht infrage, nicht zu dem Treffpunkt zu gehen. Der Unbekannte war wirklich da, genau wie in meinem Traum. Er stand ganz in Weiß gekleidet neben dem Brunnen, lächelte mich an und sagte sogleich:

"Ich bin Simon ... Der Meister hat mich zu dir geschickt. Er ruft dich ... und erwartet dich am See. Folge mir ... Ich führe dich zu ihm!"

Der Meister? Von wem sprach er? Bis zu den Oberschenkeln im Schilf des Tiberias-Sees versunken, bekam ich es plötzlich mit der Angst zu tun. War ich verrückt, diesem Mann zu folgen? Noch nie hatte ich mich so weit in das Wasser und das Gewirr der Uferpflanzen vorgewagt ...

Schließlich entdeckten meine bangen Augen im hohen Pflanzendickicht eine Anhäufung von Kieselsteinen. Ein Mann saß dort mit dem Rücken zu mir. Er hatte sehr langes

Haar und trug ein makelloses Leinengewand. Er sah aus, als würde er beten. Sicherlich hatte er uns kommen gehört, denn kurz darauf drehte er sich um und lächelte mich an. Er kam mir so groß vor, dass ich mutmaßte, er müsste ein Engel sein ... Kleine Sonnen strahlten aus seinen Augen. Er hielt mir die Hand entgegen und bat Simon, uns allein zu lassen.

Mein Herz begann mir in der Brust zu klopfen. Diesen Blick, *seinen* Blick, hatte ich seit meiner Geburt gesucht!

“Komm, kleine Schwester, nimm Platz an meiner Seite, fürchte dich nicht ...”, sagte er mit einer warmen, rauen Stimme, die mich fürsorglich einzuhüllen schien.

Nachdem ich mich neben ihn gesetzt hatte, nahm er sanft meine rechte Hand und betrachtete meine Handfläche; dann berührte er sachte meine Augen, wobei er mir eine schwarze Haarsträhne aus dem Gesicht strich.

Er lächelte mich an ... aber ich fühlte den Boden nicht mehr, nahm nichts anderes mehr wahr als seine Hand und ihn ... der angenehm nach Weihrauch und Jasmin roch.

“Ich heiße Jeshua, du hast mich gerufen, und ich habe dich gehört ...”

Ich war so berührt, dass ich nichts sagen konnte.

“Erinnerst du dich nicht mehr an mich, Shlomit? Ich erinnere mich an dich. Ich weiß, dass du fliegen kannst ... Aber lass mich dir Wurzeln geben, denn sie fehlen dir, und daran leidest du. Willst du dich von der Last befreien, die in dir ist, kleine Schwester?”

Mehr brauchte er nicht zu sagen ...

An jenem Tag, in jenem Moment ging ich durch ein zweites Tor. Oh, auch dieses war nicht leicht zu durchschreiten!

Neuntausend Jahre des Wartens! Ein Nichts angesichts der Großartigkeit des Kosmos ...

Er ließ mich die Erde nicht verlassen. Er verwurzelte mich noch tiefer darin, und Michael nahm das Antlitz Christi an, um mich noch mehr erfahren zu lassen ... Mitgefühl, das sich ausdehnt, Materie, die sublimiert wird und dafür das Herz und die Hand der Menschen braucht. Die Essenz eines alten Paktes zwischen *allem, was ist.*

Hinter Shlomits Augen, ihrer Zerbrechlichkeit und ihrer Kraft begann für die, die "einmal" Gwenedys geheißen hatte, eine neue Herausforderung, die noch immer andauert.

Mögen diese "Erinnerungen aus der Anderswelt" alle in ihrem Herzen und in ihrer Kraft bestärken, die sich Wachstum für die Welt und sich selbst wünschen.

Ein Wunschtraum? Alles, was wir erahnen und erhoffen können, trägt den Keim der Zukunft in sich ... Es liegt nur an uns, es sich bewusst zu machen und danach zu handeln.

Tausende Jahre nach den Geschehnissen dieser viel zu lange verschütteten Erinnerungen leidet unsere Welt mehr als je zuvor.

Ist es Schicksal, dem wir uns einfach beugen sollten? Es liegt an uns, sich dem zu widersetzen und alles zu tun, um das Leben neu aufzufassen, die Erde anders zu achten, das

Universum weiter zu erforschen ... und ganz einfach zu lernen, über die Maßen zu LIEBEN.

Auch wir haben "etwas" von Gwenedys, Shlomit und sogar Baldrinn in uns, das uns einlädt, "durch die Welten zu gehen". Es ist Wagemut und die Kühnheit zu entscheiden, wie die Erde beschaffen sein soll, die wir neu erfinden müssen, ohne weiter zu warten.

Über Marie Johanne Croteau-Meurois

Marie Johanne Croteau-Meurois wurde im kanadischen Québec geboren, studierte zunächst Literaturwissenschaft und Pharmazie und war 12 Jahre lang in einem großen Universitätsklinikum tätig.

Seit jeher extrem sensitiv, bewog ihre Arbeit sie ganz natürlich dazu, sich anderen Dimensionen des Lebens zu öffnen.

Die subtilen Wirklichkeiten des menschlichen Körpers, die Seelenwelten und unsere innere Gesundheit und Harmonie nahmen in ihrer Arbeit immer größeren Raum ein.

Heute widmet sich die mit Daniel Meurois verheiratete Autorin vor allem der Weitergabe der reichen Erfahrungen, die ihr dank der Öffnung ihres Herzens und ihrer Sensitivität zuteilwerden. Außerdem ist die Leiterin von Productions Intus Solaris und lehrt Energietherapien, die ihren Ursprung in ihrem profunden Gedächtnis haben. Sie ist Mitverfasserin des Grand Livre des Thérapies Esséniennes et Égyptiennes.

88 Seiten, gebunden
ISBN 978-3-89845-509-1
€ [D] 9,95

Jennidee Mills

Bewusst malen – Engel, Elfen und mystische Wesen

Treten Sie ein in das magische Reich der Engel und Elfen, der mystischen Wesen – voller Phantasie und Poesie!
Lassen Sie sich entführen in eine magische Welt mit zauberhaften Wesen und poetischen Texten.
Wunderschöne, fröhliche und verträumte Motive laden Sie zum Kolorieren und zum Kreativwerden ein. Die bezaubernden Illustrationen und Texte sprechen Ihre Sinne auf eine Art und Weise an, die die Ihnen innewohnende eigene Kreativität entfalten.
Treten Sie ein in diese märchenhafte Welt und gönnen Sie sich jetzt eine kreative Ruhepause im Alltag. Sie werden sehen, dass dies nicht nur eine Menge Spaß macht, sondern negative Gefühle und Stress einfach verschwinden lässt und neue Energie und innere Ruhe spendet.

47 farbige Herzkarten, in Herzbox
EAN 4260075280035
€ [D] 13,90

Claudia Knüppel

Elfen öffnen Herzen

Farbenfroh ist der Zauberwald, in den uns die Künstlerin Claudia Knüppel einlädt, und es wimmelt hier von Naturgeistern, die uns geheimnisvoll, anmutig oder auch frech aus dem schillernden Reich der Fantasie zuwinken.
Wunderbar dargestellte Geistwesen, die tief empfundene Botschaften aussenden als Rat, als Trost oder als Hoffnung für all die, die den Glauben an und den Kontakt zu den lichten Welten des wenig Sichtbaren nicht verloren haben.

256 Seiten, broschiert
ISBN 978-3-931652-30-2
€ [D] 15,90

Ted Andrews

Zauber des Feenreichs

Begegnung mit Naturgeistern

Mit ein wenig Geduld und Ausdauer lernen Sie die Gegenwart von Feen, Elfen, Devas und anderen Naturgeistern zu spüren und wahrzunehmen. Öffnen Sie Ihr Herz und Ihre Sinne diesen nicht auf den ersten Blick sichtbaren Bereichen des Lebens und seinen Quellen und wecken Sie die Ihnen angeborenen Fähigkeiten, das Leben in seiner ganzen Fülle zu leben.
Ein Handbuch mit praktischen Anleitungen, Meditationen und Übungen in der Natur für die Arbeit mit dem Unsichtbaren.
Ein Werk voller Zauber über eine faszinierende Welt, die greifbar vor uns liegt, und die es nur zu entdecken gilt!

208 Seiten, broschiert
ISBN 978-3-89845-414-8
€ [D] 14,95

Heidi Findeis

Die Kraft der Naturmystik

Mit der Spiritualität der Natur sich selbst spüren

Heidi Findeis begleitet uns mit einfühlsamen Übungen und schamanischem Wissen auf unserem ganz persönlichen Weg. Wir erfahren die Wandlung aus einem beengten Leben in die Weite und Größe unserer wahren Existenz, in der die Kraft des Universums dafür sorgt, dass wir alle gehalten werden.
Die Autorin beschreibt den Schamanismus dabei erstmals nicht als bloße Technik, die wir praktizieren, sondern als eine neue Art zu leben. Als eine Möglichkeit, unser Leben zu bereichern und es groß werden zu lassen.
Ein Buch, das erhebt und zum Zauber des Lebens geleitet ...

192 Seiten, broschiert
ISBN 978-3-89845-428-5
€ [D] 14,95

Marita Zonker

Weisheiten der Baumseelen

Gespräche mit Bäumen und Naturengeln

Dieses Buch lädt Sie ein, der Weisheit, dem Wissen und der großen Liebe der Bäume und der Natur zu begegnen. Marita Zonker hat die Gabe, mit den Bäumen, deren Seelen sowie Naturengeln und anderen Wesen des Naturreichs zu kommunizieren, mit ihnen zu empfinden und sie zu verstehen – und diese Gabe gibt sie an uns weiter. Sie ermöglicht uns, ein Gefühl für die Natur und den Wald zu entwickeln und eine intensive Verbindung mit den Seelen der Bäume aufzunehmen.
Lernen Sie, die Bäume und andere Naturwesen zu verstehen, und erfahren Sie von ihnen nicht nur Zuspruch und Heilung, sondern auch äußerst wertvolle Botschaften über unseren Umgang mit der Natur, deren Wesen und die Zukunft der Erde ...

176 Seiten, broschiert
ISBN 978-3-89845-399-8
€ [D] 14,95

Dirk Thomas

Botschaften der Waldfeen

Die reinigende Kraft der Natur

Dana, die Feenkönigin des Waldes, geleitet in ihre Welt und zeigt uns, wie wir unserem eigentlichen, göttlichen Wesen wieder näherkommen. Sie begleitet uns zu unserer inneren Weisheit und erklärt auch die Gesamtzusammenhänge unseres energetischen Umfeldes, um uns als Teil der gesamten göttlichen Ordnung wiederzufinden.
Wer den lichtvollen Hinweisen folgt und die versöhnliche Hand der Fee ergreift, steht am Ende des Buches vor einem bedeutenden Schritt: Dem Weg in den eigenen Garten Eden ...

256 Seiten, broschiert
ISBN 978-3-89845-353-0
€ [D] 16,90

Ellen Vande Visse

Der spirituelle Garten

Wie Naturgeister uns helfen

Ellen Vande Visse lädt Sie ein, harmonisch mit dem Naturreich zusammenzuarbeiten. Unterhaltsame Erzählungen erläutern Schritt für Schritt,
was Sie tun können, um gemeinsam mit der Natur zu gärtnern und mit den Elementarwesen zu kommunizieren – vollkommen unabhängig davon, ob Sie medial veranlagt sind oder nicht.
Der spirituelle Garten lehrt uns, mit den Pflanzen als Lebewesen zusammenzuarbeiten. Ein Buch uber außergewöhnliches Gärtnern, das Sie bis zur letzten Seite nicht mehr aus der Hand legen werden.

192 Seiten, broschiert
ISBN 978-3-89845-427-8
€ [D] 12,95

Bettina Schmidt

Der spirituelle Kräutergarten

Wesen und Seele unserer Heilpflanzen

Kräuter, die uns gut tun
Die Heilpraktikerin Bettina Schmidt offenbart uns die magischen, kulinarischen und medizinischen Eigenschaften der Kräuter. Sie ermuntert uns dazu, einen Kräutergarten anzulegen und hilft uns bei der Planung und Durchführung.
Lernen Sie die positiven Eigenschaften der Kräuter kennen und erfahren Sie, wie Sie diese einsetzen. Viele Rezeptvorschläge für das Kochen mit Kräutern machen Lust auf die frische Kräuterküche. Praktische Anwendungsmöglichkeiten bei Erkrankungen helfen Ihnen, eine wirkungsvolle Hausapotheke zu schaffen.

208 Seiten, farbig, broschiert
ISBN 978-3-89845-479-7
€ [D] 6,95

Georg Marutschke

Die Heilkraft der Wildkräuter

Viele Wildkräuter besitzen ungeahnte Heilkräfte. Georg Marutschke zeigt, was sie alles können. Seine Portraits der 25 wichtigsten Heilkräuter beschreiben, wo diese zu finden sind, wann und wie man sie erntet, wie sie verarbeitet werden und gegen welche Krankheiten sie helfen.
Schmackhafte Rezepte für das Kochen mit Wildkräutern runden das Buch ab.
Für alle, die sich wieder auf die Natur und ihre Ursprünglichkeit besinnen wollen, ein praktisches Kräuter-, Koch- und Heilbuch.

384 Seiten, broschiert
ISBN 978-3-89845-521-3
€ [D] 19,95

Daniel Meurois

Jesus' Jüngerinnen

Das geistige Erbe der drei Marien

Christus hatte nicht nur männliche Begleiter, sondern auch weibliche, unter denen sich insbesondere die drei Marien hervortaten: Maria-Magdalena, Maria-Jakobea und Maria-Salome.
Nehmen Sie an der Begegnung der drei Frauen teil und lernen sie den Mensch Jesus und dessen Lehren aus weiblicher Perspektive kennen.
Erstaunlich leicht lässt sich Jesus´ Lehre auf die Gegenwart übertragen und kann zum Schlüssel einer geistigen Erhebung werden, die wir in den heutigen, bewegten Zeiten so dringend brauchen.

238 Seiten, broschiert
ISBN 978-3-89845-194-9
€ [D] 13,90

Daniel Meurois & Anne Givaudan

Essener Erinnerungen

Die spirituellen Lehren Jesu

Ein einzigartiges Dokument einer längst vergangenen Zeit über die Bruderschaft der Essener, bei denen Jesus von Nazareth seine spirituelle Unterweisung erhielt, und über das geheime Leben Jesu:
Daniel Meurois und Anne Givaudan erzählen, wie sie auf ihren Astralreisen in die Akasha-Chronik, in das universelle Gedächtnis, die Essener zur Zeit Jesu erleben konnten und mehr über ihre Bedeutung bei der Vorbereitung der Mission Christi erfahren durften.
"Essener Erinnerungen" ist ein Buch, das überrascht und zugleich fasziniert, das zutiefst berührt und uns die ursprüngliche Botschaft Jesu nahebringt.

192 Seiten, broschiert
ISBN 978-3-89845-503-9
€ [D] 16,95

Daniel Meurois

Essener Visionen

Das heilige weibliche Prinzip

Tauchen Sie ein in das Leben der Essener im Palästina vor zweitausend Jahren und begleiten Sie Menschen, bei denen Jesus von Nazareth seine spirituelle Unterweisung erhielt. Bedeutende Frauen wie Maria, Maria Magdalena, Martha, die das Leben und die Lehren Christi eingehend geprägt haben, bereiteten schon damals das vor, was wir heute als das »heilige Weibliche« kennen, diese Weiblichkeit, die zur Geschichte der Menschheit gehört und die Empathie, Sensibilität, Mitgefühl und tiefes Empfinden ausstrahlt. Erleben Sie die Lehren Jesu, wie Sie sie bisher nie kannten!